JN108476

建築設計の
デジタル
道具箱

ドローンからBIMまで、
小規模事務所の生産性を
1.5倍に高める
39のヒント

堀部圭一・堀部直子・Horibe Associates 著

学芸出版社

はじめに

　私たちが、設計業務のプラットフォームを「2次元CAD」から「BIM」に変更してはや4年、業務のスタイルは大きく変化しました。

　2019年にBIMを導入して以降、設計の基本となる2次元の図面は3次元立体モデルとなり、VR導入以降、プレゼンの模型はVRゴーグルで体験する「仮想現実」に変わり、iPad導入以降、大幅にペーパーレス化が進み、ドローン導入後は、敷地は空から調査するようになりました。

　図面・模型・パースを用いて伝えていた内容は、仮想現実空間ひとつで十分伝えることができ、クライアントや施工者とは、高いレベルでイメージ共有が実現できるようになりました。もちろん設計契約にもつながっています。

　ここで気になる点は導入コストだと思います。特にBIMは買い取りで100万円前後（IT補助金利用がオススメ）、サブスクの維持コストで月2万円前後〜です。今まで2次元CADのフリーソフトを使っておられるならば、そう簡単に手は出せないかもしれません。

しかし操作が複雑で難しそうと思われがちなBIMですが、この操作のうち50％を使いこなせるだけでも十分元が取れる便利ツールです。そして、そのプラットフォームから派生するツールの数々によって業務は飛躍的に効率化し、よりクリエイティブな業務にあてる時間を確保でき、一人あたりの対応できる業務量が増したことで大幅なコストカットに繋がりました。

　まずは、BIM導入を検討されている方向けの講習会への参加や、無料体験版などを試してみてください。「案外簡単に使いこなせるかも」と必ず思われるはずです。
　もちろん導入後、最初の設計には少し手間も時間もかかるでしょう。でも手描きから2次元CADに移行した当初を思い出してください。あの頃も、コンピュータと格闘し、もどかしい思いをしながら移行したはずですが、今ではもう手描き時代には戻りたくないのではないでしょうか？

　住宅などを主戦場とするような小規模設計事務所こそ、人員スタッフを増やす前に、デジタルツールの導入を一度検討されることをオススメします。本書では、私たちが数々の試行錯誤を繰り返したどり着いた方法や道具を、余すことなく目一杯詰め込みました。今現在、2次元CADで図面を描かれていて、スマホやタブレットを使われている方であれば、誰でも使いこなせるものばかりです。また比較的費用対効果の高い、コストバランスの良いツールを厳選しました。

　ビジュアルも多く、文章も項目ごとになるべく短く簡潔にまとめましたので、設計事務所の方はもちろん、設計施工をされる方、これから建築設計を学ばれる学生さんにも読みやすい内容だと思います。

　本書が昨今の建築業界の技術者不足・人材不足の波を共に乗り越え、より質の高い、こだわりのある建築を数多く世の中に送り出せるお手伝いができる1冊になれば幸いです。

CONTENTS

2

実施設計編

BIMが
設計のハブになる

3 確認申請編
手戻り最小のノウハウ

4 現場監理編
徹底的にペーパーレス！

Digital Tool Box

基本設計編

敷地調査から
スタディ、
プレゼンまで

01

デジタル道具箱の
中身はこれだ

ハード／ソフト／クラウド／その他

ハードからソフトまでの一覧

まず、私たちが設計業務でつかっている「デジタル道具箱」のなか
み、すなわち利用しているツールの一覧をご紹介します。

ジャンル	説明	購入価格	サブスク リプション （年額換算）
ハード			
デスクトップPC	CPU：インテル（R）Core（TM）i9-11900K プロセッサー（8コア / 16スレッド / 3.5GHz / TB時最大5.30GHz /16MB） メモリ：64GB　SSD：1TB NVM Express SSD（M. 2 PCI Express 接続） HDD：4TB HDD　グラフィックス：NVIDIA GeForce RTX 3080 / 10GB（DisplayPort × 3 / HDMI × 1）　OS：Windows 10 Pro 64ビット	340,780	
ノートPC	インテル（R）Core(TM) i9-12900H プロセッサー（14コア / 6 P-cores / 8 E-cores / 20 スレッド / TB時最大5.00GHz / 24MB） メモリ：64GB メモリ [32GB × 2（DDR5-4800) / デュアルチャネル] SSD ：2TB NVMe SSD（M. 2 PCIe Gen4 x4 接続） グラフィックス：NVIDIA GeForce RTX 3070 Ti Laptop GPU / GDDR6 8GB 液晶：16型ワイド液晶パネル（2560 × 1600 / LED バックライト / ノングレア） Windows 10 Pro 64ビット（Windows 11 Pro のダウングレード）	379,800	

モニター	28インチ 3840×2160Pixels ×3台（3万×3台＝9万）	90,000	
タブレット	iPad （11インチ iPad Pro Wi-Fi 256GB）	105,380	
デジタルペン	Apple Pencil（アップルペンシル／第2世代）	15,950	
スマートフォン	iPhone（iPhone 12 Pro 256GB）	129,000	
ドローン	DJI MINI 2 Fly More コンボ ドローン カメラ付き 小型 グレー	79,200	
3軸手ブレ補正搭載カメラ	DJI Pocket 2 Creator Combo （ポケット 2 クリエーター コンボ）OP2C	64,900	
SDカード（DJI Pocket用）	microSDXC UHS-Iカード 256GB	25,080	
VRヘッドセット	Oculus Rift S（オキュラス リフト エス）	49,800	
VRヘッドセット	Meta Quest 2（メタクエスト）　128GB	59,400	
赤外線サーモグラフィーカメラ	FLIR（フリアー）（国内正規品）iPhone/iPad用 FLIR ONE Pro 19200画素	43,273	
レーザー距離計	BOSCH Zamo	5,000	
照度計	GA GL-03	6,000	
カメラ	GRⅡ RICOH 現場監理用　2代目	80,000	

ソフト

BIM本体	GLOOBE Architect （グローブ アーキテクト）	960,000	
BIM保守	GLOOBE Architect （グローブ アーキテクト 最新プログラム提供） 電話サポートなしは84,000円		144,000
BIMビューア	GLOOBE viewer（グローブ ビューア）	0	
3次元CAD	SketchUp Pro 2015（スケッチアップ プロ） コマーシャルライセンス	80,000	
3次元CAD	SketchUp Pro 2020（スケッチアップ プロ） コマーシャルライセンス	80,000	
プレゼン動画作成	Twinmotion 2020（ツインモーション）	60,000	
3Dモデル閲覧	Kubity（キュビティ）		13,860

PDF閲覧・書き込み	GoodNotes（グッドノート）		1,500
VR閲覧・編集	VR Sketch（VR スケッチ）		6,750
動画編集	Filmora（フィモーラ11）	8,480	
3Dスキャン	Scaniverse（スキャニバース）	0	

クラウド			
万能メモソフト	Evernote（エバーノート プラス）		4,500
スレッド型情報共有	Slack（スラック）		0
ファイル共有	Dropbox（ドロップボックス）		26,400
動画配信	YouTube（ユーチューブ）		
コンビニプリンタ	セブン - イレブン netprint（ネットプリント） （A3カラー1枚あたり100円）		

その他			
ドローン保険	DJI 賠償責任保険　基本保証1億円	7,500	
		計 2,671,043	**195,510**

（2023年6月時点）

図 01-1　現場監理のデジタルガジェット一覧

iPhone Pro
¥150,000

iPad Pro
¥120,000
・GoodNotes
・Scaniverse

広角レンズ

ジンバルカメラ　マイク　三脚

¥90,000

¥80,000〜90,000

**BOSCH
レーザー距離計**
¥7,000

照度計
¥6,000

**FLIR
サーモグラフィー
カメラ**
¥40,000

GRⅡ
Ⅲからフラッシュが
なくなったので
敢えてⅡ

**GRⅡ
広角レンズ**

必須

NO FOG ULTRA FX

VRレンズの
くもり止め

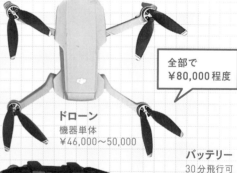

ドローン
機器単体
¥46,000〜50,000

全部で
¥80,000程度

バッテリー
30分飛行可

VRヘッドセット
2代目

コントローラー
iPhoneを装着して使用

軽量バッテリー
18分飛行可
200g規制の頃に使用

モバイルバッテリー

敷地・法規制の調査は、7割はネット上で調べ切る

☐ Google Earth Pro
☐ Google Street View

ネットでの事前調査が決め手

　クライアントからのご連絡は、メールかお電話でいただくことが多いです。その後、実際にお会いしてヒアリングを行うことになるのですが、それまで少し時間が空くので、なるべく先に計画地の住所をお聞きし、ヒアリング当日までにネット上で現地調査を行っておきます。

　ある程度土地の情報を事前に収集しておくことで、ヒアリング当日にはクライアントとの情報共有がしやすく、土地購入に関してより詳細なアドバイスができたり、より踏み込んだ内容の打合せへ進むことができます。

　最近は**Google Earth Pro**や**Google Street View**（図02-1）でほとんどの土地は事前に確認することができるようになりました。
　Google Street Viewでは、実際の敷地に行かなくても主要道路から敷地までの道路状況や道路幅員等の距離情報も入手することが可能です。
　また**Google Earth Pro**では、距離情報の他、地図上に描画したポリゴンの面積を測定することもできますし、マウスを動かすとカーソルの位置の標高が表示されるため、敷地周囲のおおよその高低差を把握することができ、擁壁有無の判断に使用したりしています。

図02-1　Google Street Viewによる例（学芸出版社社屋）

　特に、土地購入からご相談をいただく場合、何ヵ所か候補地があることが多いですが、これらのツールを利用すれば、明らかにデメリットが多すぎる土地などは早々に候補から外していただき、さらなる候補地をご検討いただくことが可能です。

　ただし、敷地の高低差については、**Google Street View**は車の上に設置したカメラでの撮影となるため、実際のアイレベルとは感じ方が大きく異なることと、距離や標高などの数値情報は目安にこそなるものの、当然ながら全幅の信頼を寄せられる数値ではないという点に注意が必要です。

▌法規制は土地の契約書を鵜呑みにしない

　一方で、法規制については、一昔前は計画地を管轄する行政機関へ行かなければ調べることができませんでした。遠方の場合等、電話で対応していただけることもありましたが、最近はほとんどの行政機関がネット上で情報を公開しており、とても便利になりました。

土地売買時に不動産屋さんが作成する重要事項説明書にも、法規制について書かれているのですが、経験上、まれに間違いがあることもあります。法規制については間違いがあっては計画そのものに影響が生じますので、必ず行政のWEBページで調べた上で、最終的には行政機関へ出向きネットで調査したことの念押しや、不明瞭な点についての確認を行っています。

　ネットでの調査を済ませ予め予習しておくことで、行政機関での打合せの際にはより踏み込んだ内容の打合せができ確認漏れも無くなりました。

Digital Tool Box

03

現地調査は
ドローンが大活躍

- ☐iPad　☐iPhone　☐ドローン/コントローラー
- ☐カメラ　☐ジンバル(手ブレ補正アイテム)
- ☐コンベックス　☐AirDrop

これまでの調査のしかた

　現地調査は、以前は、A3判のバインダーと敷地図、カメラ、コンベックスを持って、2〜3人で調査を行っていました。電柱の位置や道路幅員、側溝の幅や歩道乗り入れの寸法などを手書きで敷地図に記入し、帰社後スキャンして保存。紙の資料も念のためファイリングしていました。

　2階の室内からの眺望写真が必要なプロジェクトの場合は、現場監督さんから測量用のスタッフ(杖、図03-1)を拝借し、その先にカメラを縛り付けてタイマーモードを駆使しながら撮影していました。振り返ると、かなり原始的な方法です。

図03-1　測量用のスタッフ(出典:シンワ測定アルミスタッフ WEB画像より)

ドローンが活躍する最近の現地調査

　一方、現在の調査では、**iPad**、**iPhone**、**ドローン**、**カメラ**、**ジンバル(手ブレ補正アイテム)**、**コンベックス**が必須アイテムです。

　現地到着後、まず安全確認を行い、ドローンでの撮

影をします。

　そもそも「**ドローン**」とは、**iPhone**等で操縦ができる小型のヘリコプターであり、小型カメラがセットされているものです。操縦が簡単で、遠くに行ってしまう心配もなく、未経験者でも3時間程度で操縦が習得可能です。私たちが使っているのは、DJI社のMINI 2で機体重量はバッテリー含めて199g、8万円程度のものですが、これで十分仕事に使えています（図03-2）。

▍撮影後、取り込んで書き込む

　まず、敷地真上からの写真を撮影します。**iPhone**をセットした**コントローラー**を両手に持ち、画面の飛行開始ボタンを長押しすると、静かに飛び上がります。**DJI MINI 2**は風速10m程度の風まで安定飛行が可能です。敷地の大きさによって上空20〜50mの範囲にホバリングさせ、敷地全体を真上から撮影します。

　ここで、一旦**ドローン**を着陸させ、撮影した空撮写真を**iPad**に取り込みます。**iPhone**から**iPad**への取り込みは、**iPhone**のOSの標準機能である**AirDrop**を使うと簡単に取り込むことができます。

　撮影した空撮写真を、**iPad**の**GoodNotes**で開き、敷地調査を開始します。同時に、測量士さんに測量していただいた測量図面も参照します。測量図面には、敷地レベルのほか、電柱位置や周辺の構造物、隣家の位置、隣家の窓位置や高さなどもすでに記載されています。

　敷地に立って見える景色やその方向、敷地内外の既存樹木位置や種類・高さの他、雨水側溝や会所、宅内枡の管底レベル等々を、現地調査確認事項リストに沿ってチェックするなど、思いつくことはすべて**GoodNotes**に取り込んだPDFに書き留めます（図03-3〜5）。

図03-2　私たちが使っているドローン

図03-3　敷地の真上からみたドローンでの撮影に必要な寸法や現存の植栽などの情報を書き入れる

図03-4　GoodNotesに取り込んだあと、実測して書き入れる

図03-5　玄関先の実測をGoodNotesに書き込む

図03-6　2階の想定アイレベルでのドローン撮影（左）と竣工後の2階からの眺め（右）

　　地上での作業がひと通り終了すると、また**ドローン**撮影をします。次は、任意の階のアイレベルでの眺望写真の撮影です（図03-6）。

　　この撮影は、一定の高さレベルを保つ必要があるため、**ドローン**の自動運転モードにて行います。使用している DJI MINI 2のパノラマ撮影モードには「スフィア」「180°」「広角」の3種類のモードがあります。視線レベルの撮影では「180°」モードで前と後ろ2方向のパノラマ撮影を行い、360°の撮影を行います。**ドローン**のコントローラーに表示される標高を確認しながら、各階での想定アイレベルでホバリング状態を保ちます。住宅であれば、1階、2階、3階それぞれの想定アイレベルの2.1m、5.1m、8.1mで撮影を行います（図03-7）。パノラマ撮影ボタンを推すと、あとは撮影終了まで自動運転モードとなります。拍子抜けするほど簡単です。

空中撮影をプレゼン動画にも利用

　　これで調査のための撮影は終了ですが、それ以外にも撮っておきたいものがあります。それはプレゼンテーション用の動画です。プレゼン

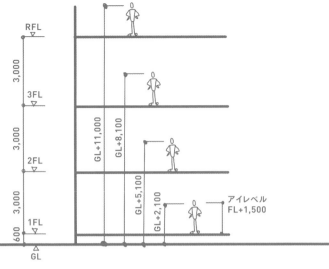

図03-7　撮影時のアイレベル

テーション用の動画については後述しますが、自動運転モードにはパノラマ写真撮影だけでなく、動画撮影にもクイックショットという、プロ並みの動画を自動運転で手軽に撮影できる機能が実装されています。

　このクイックショットには「ドローニー」「ロケット」「サークル」「ヘリックス」「ブーメラン」の5つのモードがあります。これらの撮影モードはDJIの動画で詳細説明されていますのでそちらを参照してください[*1]。たとえば「ドローニー」は撮影したい場所を中央に捉え、斜め上方に後退しながら動画撮影をするモードです。テレビドラマのエンディングのシーンのような撮影モードになっています。こんなことが手軽にできる時代、驚きですね。

　これらの自動運転でどんどん地上から離れていくと不安になりますが、撮影が終わるとスタートした場所に自動帰還してくれますので安心です。これらの動画をどのように活用するかはまた11（58ページ〜）で詳しく解説致します。

参考URL　＊1　https://www.dji.com/jp/mini-2/video

ドローン飛行のための申請ノウハウ

☐ ドローン
☐ プロペラガード

ドローンはどこでも飛ばせる

　2022年6月の改正以降、航空法の対象が重量200gから100gに変更になりました。そのため、100gを超える**ドローン**を飛行させるには「資格が無いので飛ばせない」「空港の近くでは飛ばせない」「地図を見ると真っ赤に着色されている（人口集中地区）ため飛ばせない」と思われている方がおられるかもしれませんが、飛行許可申請を行い安全対策を取ることで、ほとんどの場合飛行させることが可能です。

　100g以下のドローンは**トイドローン**と呼ばれるもので、耐風圧力もなく屋外で使用するのは風に煽られコントロールが効かず逆に危険で、敷地全体を撮影するために数十m上空まで上昇させなくてはいけない業務での使用は実質不可能です。結局、従前から使用していたDJI MINI 2を使用していますが、許可申請を行うことで逆に200gの制限にこだわらなくても良くなったため、現在は大容量のバッテリーを使用しています。このバッテリーを搭載すると機体重量は約230gになりますが、飛行時間も1.5倍となり、18分だった飛行時間も30分の連続飛行が可能となりました。

　飛行許可申請に必要な手順は次の3つです。

1) 機体の登録
2) 操縦者の登録
3) 飛行許可申請

1 ｜ 機体の登録について

100g以上の無人航空機を飛行させる場合、まず機体の登録が義務付けられています。車のナンバープレートのようなもので、登録手数料に900〜2,400円が必要です。

2 ｜ 操縦者の登録について

操縦者技能証明が無くても登録可能ですが、登録を行うためには10時間以上の飛行経歴が必要です。この申告はあくまでも自己申告なのですが、この程度の飛行実績を積んで慣れておく必要はあります。飛行経歴については記録を取っておくか、**ドローン**のアプリに自動的に記録されてるデータを参照するとよいでしょう（図04-1）。操縦者技能証明を有していると補助者なし目視外飛行を行えたり、許可・承認申請を省くことができますが、月に数回の現場監理や敷地調査に飛行させる程度であれば必ずしも必須の要件ではありませんので、私たちも今のところ技能証明は有せずに申請をしています。

	飛行データセンター			
総距離	合計飛行時間		合計飛行回数	
41.0 km	**19.6 h**		**295**	
日付	距離	高度	時間	全機体 ∨
2023-05-04	1.25 km	33 m	12 min	
2023-05-04	216 m	31 m	4 min	
2023-05-04	187 m	41 m	4 min	

図04-1　ドローンアプリに自動的に記録されている飛行データ

3 ｜ 飛行許可申請について

　まず、飛行許可申請が必要になるのは特定飛行に該当する飛行を行うときです。下図の飛行する空域または飛行の方法のいずれかに該当すれば特定飛行ということになります。

飛行する空域	空港等の周辺	人口集中地区の上空	150m以上の上空	緊急用務空域

飛行の方法	夜間での飛行	目視外での飛行	人又は物件と距離を確保できない飛行	催し場所上空での飛行	危険物の輸送	物件の投下

　飛行許可が必要な空域か否かは国土地理院が提供する「地理院地図」から簡単に確認することが可能です。市街化区域の場合、ほぼ人口集中地区の上空に該当します（図04-2）。

　該当した場合、①機体登録、②操縦者登録、③飛行許可申請はすべ

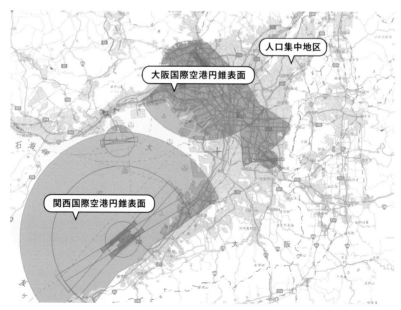

図04-2　国道交通省「地理院地図」より。図の薄いアミが人口集中地区になり、濃いアミの部分は空港等の周辺で一定以上の飛行が禁止されている箇所を表しています。

（出典：https://maps.gsi.go.jp/#5/36.104611/140.084556/&base = std&ls = std&disp = 1&vs = c1g1j0h0k0l0u0t0z0r0s0m0f1 に追記）

て国土交通省のドローン情報基盤システム（DIPS）で登録を行います。飛行許可申請の手順そのものについては国土交通省のサイトでわかりやすい飛行申請フローが掲載されていますので、そちらを参照していただくとして、ここでは実際の申請時の注意点やポイントを解説します。

申請のポイント

新規申請を行うと、まず簡易カテゴリー判定に進みます。この判定を行うことで申請の要否と申請が必要な場合のカテゴリーを判定することが可能です。判定の結果、多くの場合、立入管理措置を講じたうえで行うカテゴリーⅡでの飛行となります。判定完了後、指示に従って入力すれば簡単に完了します（図04-3）。

飛行許可申請のポイントは5点です。

1 ｜ 包括申請で日本全国での1年間有効の飛行許可を取得

申請には包括申請と個別申請の2種類があります。

包括申請とは業務目的であることが大前提となり、以下の7つ以外の飛行であれば最長1年以内の日本国内での飛行許可を取得することができます。

- ▶空港等周辺上空の飛行
- ▶上空150m以上の飛行
- ▶イベント上空の飛行
- ▶人口集中地区上空での夜間飛行
- ▶人口集中地区上空での夜間の目視外飛行
- ▶夜間の目視外飛行
- ▶補助者を配置しない目視外飛行

● 飛行禁止空域での飛行有無の確認（航空法第132条の85第1項関係）

飛行を予定している空域について、以下のうち当てはまるものがあれば、チェックを入れてください。

□空港等周辺
□地表・水面から150m以上の高さの空域
☑人・家屋の密集地域の上空

● 飛行の方法の確認（航空法第132条の86第2項関係）

飛行の方法について、以下のうち当てはまるものがあれば、チェックを入れてください。

□夜間飛行
□目視外飛行
☑人・家屋等から30m未満
□催し場所上空
□物件投下
□危険物輸送

● 飛行リスクの緩和措置の確認

立入管理措置を講じますか？

☑はい □いいえ
□補助者を配置する。
□立入禁止区画を設定する。
□立入管理区画を設定する。
□立入管理区画を設定する〔レベル3飛行〕。
☑その他対策を講じる。

30m以下の係留索による係留飛行を行いますか？

□はい ☑いいえ

● 飛行させる機体および操縦者（飛行させる者）の確認

飛行させる機体は全て第二種機体認証以上を有している、かつ操縦者（飛行させる者）は全員二等無人航空機操縦士以上の技能証明を受けていますか。

□はい ☑いいえ

● 飛行させる機体の最大離陸重量の確認

飛行させる機体は全て最大離陸重量25kg未満ですか？

☑はい □いいえ

簡易カテゴリー判定
飛行カテゴリーは「カテゴリーⅡA」です。

図04-3　飛行カテゴリー決定のための入力フォームへの入力例

（出典：DIPS 新規飛行許可・承認申請［簡易カテゴリー判定］著者加筆）

資格は特に必要ありません。ただし10時間以上の飛行経歴（自己申告）が必要です。

包括申請での国内の飛行許可さえ取得しておけば、業務目的の飛行であれば、その都度許可申請を行わなくても大半の場所で飛行が可能となります。

2 ｜ 空港等周辺では個別申請が必要

空港周辺だからといって飛行できないわけではありません。ただし包括申請の除外項目に「空港等周辺上空の飛行」とありますので、当該地域での飛行には個別に申請が必要となります。また、個別申請では飛行経路を特定させる必要があり、地図上で詳細の飛行範囲を入力します。飛行期間は包括申請と同じく最大で1年以内まで指定可能です。この申請も難しいものではなく、申請内容に修正が必要であれば補正指示（図04-4）がメールで届きます。記入例まで示された、わかりやすい修正アドバイスが提示されますのでご安心ください。

下記の補正指示の内容では「申請のあった場所は大阪国際空港の制限表面が設定されており、その設置管理者（関西エアポート株式会社）に制限表面の制限高を確認し、その結果を特記事項へ記載すること」とあります。

その他情報（加入保険・緊急連絡先・添付ファイル）
【申請書作成（4／4）その他詳細等入力画面】

【空港等の制限表面について】
申請のあった場所は、大阪国際空港の制限表面が設定されています。 制限表面を超えて飛行させる場合には管轄する関西空港事務所長の許可が必要です。 設置管理者である関西エアポート株式会社へ制限表面の制限高を確認し、その結果を以下のように「その他特記事項」へ記載してください。
＜参考＞ https://www.mlit.go.jp/common/001515201.pdf
例1：○○へ確認し、高度○○ｍ未満の飛行であれば制限表面に抵触しないことを確認し、その高度未満で飛行させる。
例2：○○へ確認し、高度○○ｍ未満の飛行であれば制限表面に抵触しないことを確認したが、制限表面を超えて飛行させる必要があるため、管轄空港事務所あて申請し、航空法第 132 条の 85 第 2 項及び第 4 項第 2 号の許可を受けてから飛行する。
＜修正箇所　STEP04 Ⅳ. 1 ＞
※「空港等周辺」の項目へのチェックは不要です。

図04-4　申請完了後に届いた補正指示の内容。飛行予定地は伊丹市

制限高さの確認に進みます。

　申請した飛行予定地、伊丹市の場合は「大阪国際（伊丹）空港高さ制限回答システム」サイトで住所を入力して地図上で該当箇所をクリックすれば制限表面の種類、制限高（海抜高）が表示されます（図04-5）。

　そのまま下へスクロールし、3つの質問に回答をすれば関西エアポート株式会社に直接問い合わせする必要なく、WEBフォーム上ですべて結果が表示されます。このWEBフォームの照会結果は関西エアポート株式会社への制限高確認結果として利用できるので、申請書のその他特記事項には「関西エアポート株式会社へ確認し、高度57m未満の飛行であれば制限表面に抵触しないことを確認し、その高度未満で飛行させる。」と記入して申請終了。

　ただし、実際飛行させる際には注意が必要です。照会結果では「制限高（海抜高）：57m」とありますが、ドローンの送信機に表示される高度は「離陸地点」からの高度となります。つまり実際飛行させる際には離陸地点の「海抜」を理解しておかなければ制限表面を超えて飛行させてしまうリスクが生じます。

　では離陸地点の海抜高度をどのように調査するかですが、PCの場合最初に利用した地理院地図で地図上の該当箇所を右クリックすると左下に標高が表示されます。スマートフォンの場合は地理院地図のサイトを開き離陸地点に十字を合わせることで左下に標高が表示されます（図04-6）。実際ドローンを飛行させる際は離陸しやすい場所を現地で確認しますので、スマートフォンでその場で確認するほうが現実的です。

　調査した地点は標高12mです。制限高（海抜高）は57mですので、離陸地点の高さからでは45m（57-12＝45m）になります。つまり、離陸後はドローンの送信機に表示される高度で45mを超過しないように飛行

図 04-5 「大阪国際（伊丹）空港高さ制限回答システム」サイトで制限表面の種類および制限高を確認できる

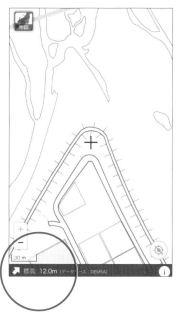

図 04-6 スマートフォンの場合の地理院地図の画面

しなくてはいけませんが、それさえクリアできれば空港周辺でも飛行できるのです。

3 ｜ 個別申請時の飛行範囲に「道路上空」が入る場合の記入事項

個別申請を行う際には、飛行経路や飛行範囲を特定させる必要があります。その範囲内に道路上空が含まれる場合、申請書のその他特記事項に以下の3つのいずれかの対策を明確にする必要があります。

▶A「道路上空は飛行させない。」

▶B「道路上空を飛行する場合は、車両及び歩行者の通行を制限し、飛行範囲に第三者が 立ち入らないように措置して飛行させる。」

▶C「道路上空を飛行する場合は、車両及び歩行者の通行がないことを確認できた場合のみとし、万が一車両又は歩行者が飛行範囲に接近又は進入した場合には直ちに飛行を中止する措置をとる。」

Bのように通行止めや片側通行で交通を制限する必要がある場合は別途所轄警察署へ道路使用許可申請を行う必要があるため、AまたはCで入力するほうがよいでしょう。

空港等周辺で行う飛行申請（飛行経路を特定させる必要のある個別申請）では一度で許可が下りることは稀で、何度かの補正のやり取りが必要となってきます。申請時の注意事項として「飛行開始予定日の少なくとも10開庁日以上前（土日・祝日を除く）には申請書類を提出するように」とありますが、上記のような補正申請のやり取りを加味すると3〜4週間程度の余裕を持った申請が望ましいです。

4 ｜ 念のためプロペラガードを準備（人口集中地区の上空飛行での機体適合基準）

　機体情報の入力の際に、人口集中地区の場合、追加基準を求められます。その追加基準は**プロペラガード**（図04-7）の装備かあるいは補助者の配置です。1人で飛行を行う際などは補助者を配置出来ないため、そう高価なものではないのでこちらも準備しておいたほうが賢明です。

図04-7　プロペラガード

5 ｜ ドローン賠償責任保険への加入。年間7,000〜10,000円程度

　許可申請において加入必須ではありませんが、「加入している場合は入力してください。」と入力を求められます。入力を省略することも可能ですが、加入していない場合は参考として賠償能力の入力を求められます。年間7,000〜10,000円程度ですので万が一のことを考えると加入しておいたほうが無難でしょう。

改修物件の現地調査には LiDARスキャナが役立つ

☐iPhone ☐iPad Pro
☐LiDARスキャナ ☐GoodNotes ☐BIM
☐Scaniverse ☐Metascan ☐pronoPointsScan

3次元スキャナーを手軽に

　本格的な3次元スキャナーはまだ高額ですが、**iPhone、iPad Pro**の最新機種に搭載されている**LiDAR（ライダー）スキャナ**は実務でかなり使えます。

　LiDARスキャナを簡単に説明すると、レーザー光を利用して離れた物体の距離を測り、それと同時に撮影された映像を組み合わせることで、空間や物体の立体的な3次元データを作成することができる3次元のスキャナーです（図05-1、2）。

　私たちの事務所では、主に改修物件の現地調査に使用しています。改修の現地調査の際には、各部屋を詳細に写真撮影し、**GoodNotes**に

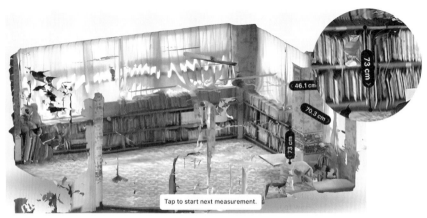

図 05-1　LiDARスキャナで実測した3次元スキャナー。寸法もあたることができる

添付、その後、取り込んだ写真データ
に現地で採寸した寸法を記入してい
ます。しかし、帰社後、必ずと言って
いいほど撮影漏れの部分が残ったり、
測量をし忘れた部分が出てきます。

　それに比べると、3次元スキャン
を取っておけば、帰社後アプリ上の
ペン操作で該当箇所の状況を確認し
たり、寸法を確認することもできま

図05-2　立体物としてスキャンできる

す。また点群データに変換することで**BIM**にインポートができ、より
正確な寸法の計測を行うことが可能です。「あの部分はどうなっていた
かな？」という時に、現場で撮影した多くの写真を何枚もめくりなが
ら該当箇所を探すという作業はなくなりました。

BIMにインポートも可能

　3Dスキャナには類似ソフトは数多くあるのですが、**Scaniverse（ス
キャニバース）**、**Metascan（メタスキャン）**、**pronoPointsScan（プロノポ
インツスキャン）**などを使ってみて、現在は**Scaniverse**を使用していま
す。無料でほぼすべての機能を使用することができ、点群データでも
メッシュデータでも**BIM**にインポートできるため、**BIM**での活用も可
能となります。

　改修物件の現地調査のほか、宿泊したホテルの室内を3次元スキャ
ンして記録を残すような使い道もあります。**Metascan**ではアプリで
VR視聴もできるため、宿泊したホテルや、見学した建築の内部に入り
込むような、仮想空間を体験することもできます。

　最後に私たちも大変参考にしているHPをご紹介しておきます。

参考資料　● SCANデータのBIMインポート解説。モバイルスキャン協会代表理事ワイクウーデザインさん
　　　　　　　のHow to use Archicadへの寄稿記事。
　　　　　　　https://howtousearchicad.com/function/import-export/9340/
　　　　　　● モバイルスキャン協会iwamaさんのnote。こちらのプロフィール欄でモバイルスキャンのイロ
　　　　　　　ハが徹底解説されています。
　　　　　　　https://note.com/iwamah1/n/n5df9a5daaae4

06

思考のアウトプットは
ペーパーレスな手書きで

☐ iPad
☐ Concepts ☐ Sketchbook

紙に手書きだったエスキース

以前は敷地図をA3判用紙にプリントアウトし、色鉛筆でアイデアを重ねていくというやり方で、頭の中のものを紙にアウトプットしていました（図06-1）。

具体的には、まずは薄い黄色から始まり、徐々に濃い色を使って重ね書きしていくと同時に、思考の解像度を上げていきます。色を変える際やプランを見直す度にそのエスキース用紙をスキャンしておくことで、思考のプロセスも残しておきます。これは後にプレゼンテーション動画にも利用します。

色鉛筆のでのエスキースのよいところは、同じ色でも濃淡をつけられるので、その線を引いた意図が後からでも把握しやすく、プランがまとまるまでの流れを頭の中で整理しやすい点です。そのため、後に設計趣旨をまとめる際にも、この資料を見返すことで思考のプロセスがよみがえるのです。

図06-1　紙に色鉛筆で書き込みをしたエスキース

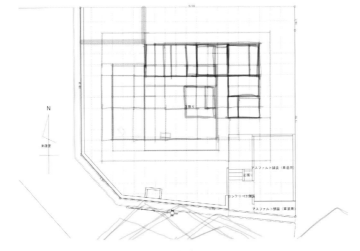

図06-2　GoodNotes上でのエスキース作業例

▍紙からデジタルへ

　iPadを導入し、社内でのペーパーレス化を目指す過程において、エスキースも**iPad**上（アプリは当初GoodNotesを使用）でできるように切り替えてみました。紙から**iPad**に切り替えて、ちょうど3年（執筆時点）になります（図06-2）。

　実際に始めてみて気になる点（デメリット）は

- **スケール感がつかみにくい**
- **色を重ねると下の線が完全に見えなくなる（GoodNotesの場合）**
- **うっかり線を消してしまうことがある**

　　　↓

解決方法としては

- **敷地に910mmまたは1000mmのグリッド線を入れる**（紙ベースのときも同じ）
- **エスキース用のアプリを、レイヤー分けができて筆圧や色の濃淡を表現できる「Concepts」へ切り替える**（図06-3）

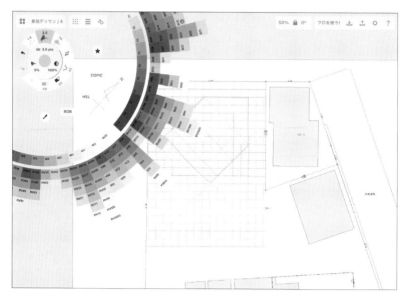

図06-3 「Concepts」のコピックカラーチャート。コピックの色合いが一同に並ぶので選びやすい

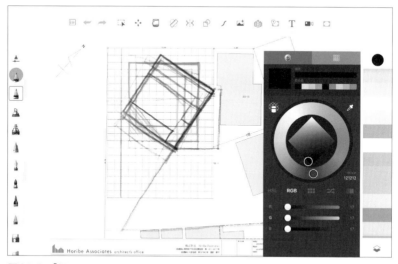

図06-4 「Sketchbook」のカラーチャート

「**Concepts**」と同時に「**Sketchbook**」(図06-4)というアプリも試しました。どちらもレイヤー分けができ、色鉛筆に近い表現は可能でした。私たちの場合、エスキースの時はできるだけプランニングに集中したいので、決め手は色選びがシンプルであることでした。**Concepts**ではRGB、HSLの他、模型の着色等に使っているコピック(図06-5)から色選びができます。特にコピックでは、色番付きのカラーチャートから選べるので今までに使った色番も把握しやすく、チャート自体のビジュアルも美しいので色選びも楽しいものになります。このアプリをオススメしてくれた同業の知人の推しポイントもココでした。

図06-5　コピック(出典：コピックWEB画像より)

iPadでのエスキースのメリットは、次のとおりです。

▶**ペーパーレスにできる**
▶**いつでもどこでもエスキースができる**(画面が光るので暗闇でも／机がなくても)

建築家の個展などではトレーシングペーパーに描いた「絵」としても美しい、手書きのスケッチやエスキースを展示してる場合が多いので、エスキースをペーパーレスで行うことには少し抵抗がありました。しかし、聞くところによると展覧会に向けて新たにスケッチや模型を作成することも多いようなので、最近では頑なに紙に描くことにこだわらなくてもよいのでは、と思うようになりました。

後は縮尺固定モードがあれば、エスキース時はもちろん、特に1/1や1/2で部分詳細を検討したい時に便利なので、アプリのバージョンアップに期待してます。

07

直感的な操作で
自由なかたちをスタディ

- □ SketchUp Pro ＋プラグイン
- □ VR □ AR
- □ PLATEAU □ CADMAPPER □ 基盤地図情報

画期的な3次元ツールとしてのSketchUp

SketchUp は、1999年に「みんなの3D (3D for Everyone)」という
キャッチフレーズを掲げて開発がスタートした汎用3次元作成ツール
で、ウィキペディアよると「直感的な操作性により習得が容易で、無
償版も用意されていることから、建築や教育分野を始めとしてプロ・
アマチュアを問わず広く普及している」とあります。

　これまで弊社で使用してきたモデリングソフトは、Shade (シェー
ド)、Rhinoceros (ライノセラス)、そして **SketchUp** と様々ですが、「直
感的な操作性により習得が容易」という面では **SketchUp** に軍配があが
り、実際、弊社事務所のアルバイトやインターン学生・海外からの就
職希望者等なら、**SketchUp** を使えないという人は皆無だったと言っ
ても過言ではありません。私たちが先ほど挙げた様々な3Dソフトから
SketchUp に行き着いたのは2012年ですので、以降、もう10年以上使
い続けている鉄板ツールです。

　私たちは **SketchUp Pro** を使用していますが、プロ版には様々な**プ
ラグイン**が用意されております。そのプラグインを追加することで、
操作性を高めたり、高画質なレンダリング画像を出力できたり、後に

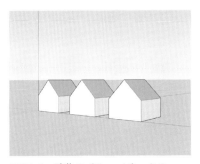

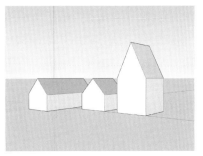

図07-1　建物のボリュームをいれる　　　　図07-2　高さや奥行きを変え、検討を重ねる

10（54ページ〜）で説明する、**VR（仮想現実）**や**AR（拡張現実）**を体験したりすることも可能となるのです。

　このように汎用性が高く、習得が容易で広く普及している点、またプラグインソフトも含めて比較的導入コストが安いという側面により、私たちのような小規模設計事務所にはうってつけのソフトです。

　実際スタディではどのような使い方をしているかというと、平面でのエスキースをある程度進めてプランが固まってきた段階で、**SketchUp**でのモデリング作業をスタートさせ、エスキースと並行して建物全体のボリュームやファサードの検討を行います（図07-1、2）。

　模型をつくっていた時代は自分の頭の中のイメージと簡単なスケッチを元に、すべて2次元CADで平面、立面、断面図を完成させ、印刷してそれを型紙に、模型作成へと進めていました。

　現在は、プランがまとまりきっていない段階から**SketchUp**でのボリューム検討も行っています。発泡スチロールを用いたボリューム模型の作成に似た作業となっています。

　エスキースで行き詰まった時には、敷地周辺の近隣建物のボリュー

ムを入れていきます。そうすることで改めて周辺建物との関係や思考の整理を行うことができます。**PLATEAU（プラトー）**や**CADMAPPER（キャドマッパー）**、**基盤地図情報**を用いて、より広域の周辺建物のデータを取り込むことで、広範囲に渡る添景を作成することも瞬時にでき、特に影響を大きく受ける隣地の建物は、敷地測量時に建物高さや窓位置の計測を依頼しておき、**SketchUp**モデルにて再現しています。

　そのように一旦周辺環境へ意識を向けてから、またエスキースに戻りプランを醸成させていきます。ボリューム検討を後述のBIM上で行うこともできますが、エスキースの段階では、仕上げや納まりなどの概念に囚われたくないため、より操作が感覚的な**SketchUp**を利用しています。周辺建物などは、むしろ簡単なボリュームで表現したほうが、思考の邪魔になりません。

　何よりもよいのは、模型での提案を**SketchUp**のVRに変えたことで、直前まで手を加えられるようになったことです。「あっ、この開口はもう少し大きい方がいいな」「この壁はもう少し高いほうがいいかも」など、プレゼン直前までブラッシュアップでき、変更を加えられる点が魅力的です。

　もちろん最終的に図面化するには数値化が必要ですが、エスキースの段階ではむしろ感覚のほうが大切。私たちにとって、**SketchUp**からBIMへのデータ移行は、夢の世界から現実の世界に引き戻される感じなのです。

　これはあくまでも私感ですが、**SketchUp**を操作している時は右脳、BIMを操作している時は左脳というように、脳の働いている部分が違うような気がします。

参考資料　●基盤地図情報（https://fgd.gsi.go.jp/download/menu.php）
　　　　　●CADMAPPER（https://cadmapper.com/）
　　　　　●PLATEAU／国土交通省が主導する、日本全国の3D都市モデルの整備・活用・オープンデータ化プロジェクト（https://www.mlit.go.jp/plateau/）

08

SketchUpの
プロフェッショナルな
使い方9選

☐ SketchUp ☐ 3D Warehouse

┃オススメの機能を紹介

前述のように私たちの事務所では主にエスキースおよびプレゼン用モデル作成時に **SketchUp** を使用しています。

直感的操作でモデルづくりがスタートできるので、そのまま我流である程度使うこともできます。しかし、最初はやはりマニュアル本を参照し、**SketchUp** でどんなことができるのか、どんなコマンドがあるのかを一通り学んだほうが良いでしょう。

さらにオススメは **SketchUp** に慣れた頃に再度マニュアル本を見返すことです。導入当初は必要最小限のツールを覚えることで手一杯ですが、1回目では頭に入ってこなかった便利機能を必ず発見できるはずです。

ここではマニュアル本を読み、モデル作りを何度も経験した上で、特に便利だと思う **SketchUp** 機能を紹介したいと思います。

1 ┃ ショートカット

大抵のアプリケーションに存在するショートカット。マウスを移動してアイコンをクリックする動作をキーボード一つの操作に置き換えることで作業効率を大幅に向上させる、地味ですがパソコン作業においてはキーボードのタッチタイピングに次いで重要なスキルです。

SketchUpにおいてもほとんどの主要なコマンドにショートカットが割り当てられていますし、独自にカスタマイズを加え、よく使うツールにショートカットを割り当てることも可能です。以下はこれだけは覚えておいてほしい6つのショートカットです。スペースキーとHの2つだけでも大幅に作業効率が上がります（図08-1）。

ショートカットキーの追加や変更は環境設定で自由に可能です（図08-2）。

ウィンドウ→環境設定→ショートカットで、割り当てたい機能をハイライトさせ、キーを割り当てます。これでオリジナルのショートカットキーを割り当てることが可能です。

アイコン	ツール名称	対応ショートカットキー	
▸	オブジェクトの選択	Space	
✋	パンツール	H	/ Ctrl +マウスホイール も便利
✛	移動ツール	M	ムーブのM
▢	長方形ツール	R	レクタングルのR
◆	プッシュ・プルツール	P	プッシュ、プルのP
⟳	オービット	O	オービットのO オー（このまま Shift を押すとパンになる）

図08-1　オススメのショートカット

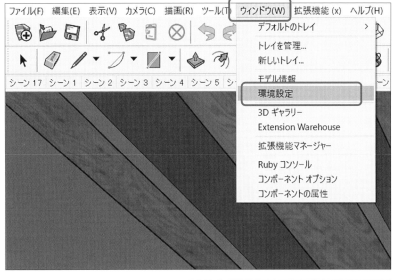

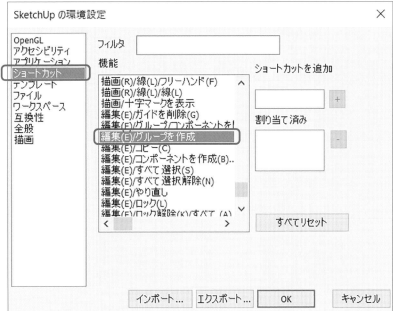

図 08-2　独自にショートカットを割り当てが可能

2 | グループ・コンポーネント

図08-3は左がグループ化した
ひとつのオブジェクトを5つコ
ピーしたもの。右はコンポーネン
ト化したひとつのオブジェクトを
5つコピーしたものになります。

左のモデルの場合の一つのオブ
ジェクトの長さを変更すると、他
のモデルは影響を受けませんが、
コンポーネントの場合一つのオブ
ジェクトに加えた変更が他のすべ
てのモデルに同時に反映されます
（図08-4）。

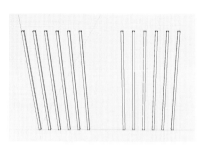

図08-3　グループ化（左側）とコンポーネ
ント化（右側）

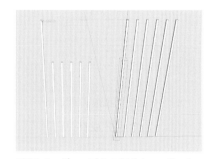

図08-4　グループ化の場合とコンポーネン
ト化の場合の挙動

手すりの支柱やルーバー、階段
など同じモデルを複数並べる場合
は変更がすべてのモデルに反映さ
れるコンポーネントをコピーする
ことで同じ繰り返しの作業をする
ことなく合理的にモデル作りを行
うことが可能です。

図08-5はスケルトンの階段を
作成する手順です。蹴上と踏面
の寸法で立方体を作りコンポーネ

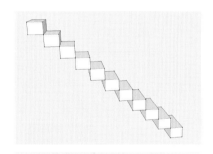

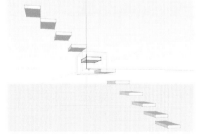

図08-5　階段一段分のコンポーネ
ントを作成して配列複写をし、厚み
を変更するとスケルトン階段になる

ントに変換して、端点をつかんで配列複写を行ったあと段の厚みを変更すると、スケルトン階段が完成します。あとで解説する「掛け算コピー」と併用するとあっという間の作業です。

SketchUp の Pro 版ではプラグインの利用が可能です。

代表的なプラグインは extensionwarehouse (https://extensions.sketchup.com/) や sketchUcation (https://sketchucation.com/) で様々な便利ツールがダウンロードできます。

これまで説明した階段や手摺りはコンポーネントや掛け算コピーでオリジナルのデザインを時間をかけて考えながら作成することが多いのですが、そのベースとなるとりあえずのモデルを作成する際には「RS階段」というプラグインを使用しています（図08-6）。

階高・段数・手摺り高さ等の数字を入力し、OKボタンを押すだけで図のようなモデルが一瞬で完成します。

こういったプラグインを上手に使って作業の時短を図り、考える時間に充てることを常に意識しています。

図08-6 「RS階段」
https://hinoado.com/

3｜矢印キーによる軸固定

　線を引く際や移動ツールでオブジェクトを移動する際、矢印キーを押すと線を引く方向や移動する方向が固定されます（図08-7、8）。また、マウスを動かして3方いずれかの軸にあった際にShiftキーを押すことでも軸が固定されます。

　モデルが複雑になってくると面が掴みにくくなることが多くあります。そのような時に軸固定を使用すると視点をあちこち変更することなく正確な操作が行えてモデル作成がとてもはかどります。

4｜Ctrlキーによる動作変更

　各ツールを使用する際にCtrlキーを押すことでモードを変更することができるのですが、その中でも最もよく使用するコマンドが移動、回転ツールとの併用です。

　移動（回転）ツールでオブジェクトを選択した後、Ctrlキーを押すと移動アイコンの右下に＋

図08-7　SketchUpには3つの軸線がある

図08-8　矢印キーの▲を押すと青軸、◀は緑軸、▶は赤軸に方向を固定できる

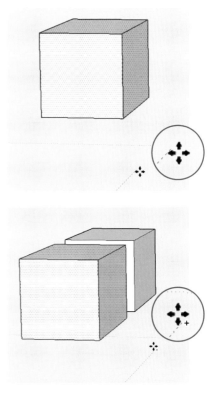

図08-9　移動アイコン（またはショートカットm）でオブジェクトを選択しCtrlキーを押すとコピーモードに変わる

が加わり、モードがコピーに変わります（図08-9）。

　そのまま任意の場所をクリックするとクリックした場所に、数値を入力してエンターキーを押すと、入力した数値の位置にコピーされます。その後次に解説する「掛け算コピー」を利用すると手摺の支柱や縦格子などの等間隔での配列を簡単に行うことができます。

5 ｜ 掛け算コピー（n倍コピー　ショートカット：xn）

　同じモデルを同ピッチで複数並べる場合には掛け算コピーがオススメです。一つのモデルをコピーした直後に「x 必要数」（xはアルファベット小文字のエックスです）を入力してエンターキーを押すと必要な数だけコピーできます。

　具体的な作業としては、まず移動ツール＋Ctrlキーでオブジェクトを選択し任意の方向に移動コピーします。任意の方向にマウスを移動した後、コピーしたい位置の距離を入力します。今回は手摺の縦格子に見立てて110と入力しました。その後「x 5」と入力すると110mmピッチの縦格子が5本コピーされます（図08-10）。階段や手摺、ルーバーの作成に非常に便利です。

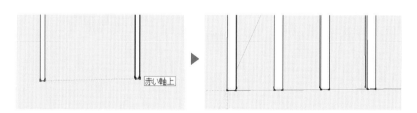

赤い軸上

図08-10　掛け算コピー

6 ｜ 割り算コピー、割り算分割（n等分　ショートカット：/n）

　割り算コピーには主に2通りの方法があります。

　まず1つ目は2つのオブジェクトを離れた場所に配置し、その間で等

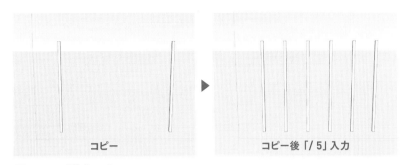

図08-11　割り算コピー

分に配列コピーする方法です。手摺り支柱の間で縦格子を均等に配置する際に便利です。まず移動ツールでオブジェクトを選択しCtrlキーを押して任意の場所または移動距離を入力しコピーします。その後「/ 5」(スラッシュ5)と入力して確定すると最初に配置したオブジェクト間で5等分された位置に新しいオブジェクトが複製されます (図08-11)。

　次は面の等分割です。例として1200のモジュールで設計した賃貸住宅のスタディーモデルを作成します。長方形の面を作成し端部の線を移動ツールで選択、Ctrlを押して反対の線上にコピーし、キーボードで「/ 12」と入力しました。一つの面に12等分の線がコピーされました (図08-12)。

　分割された面をプッシュプルで持ち上げてスタディーモデルが完成です (図08-13)。

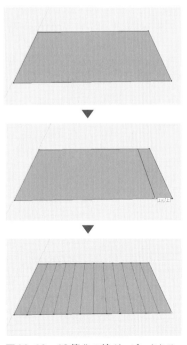

図08-12　12等分の線がコピーされる

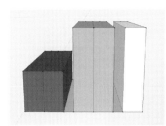

図08-13　ボリュームが4：4：2で
隙間が1となる簡易なスタディモデル
（右はその後の完成形）

7 ｜ フォローミー

回り階段の手すりや設備の配管など、軌跡に沿ってパイプ状の立体を表現するときに便利なツールです（図08-14）。複雑な形状の断面でも適用でき、回転体や球体を作成することも可能です。

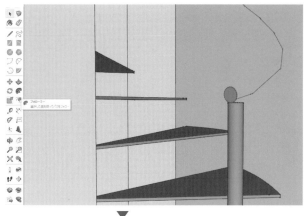

図 08-14　軌跡に沿ってパイプが作成できる

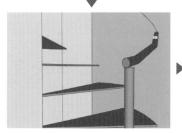
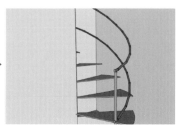

8 ｜ 画面上の色に合わせることもできるマテリアル編集

　マテリアルは新規作成も編集もできますが、編集タブの中にある、「画面上の色に合わせる」ボタンが非常に便利です（図08-15）。プレゼン用モデルの中にはオリジナルで作成したモデルもあれば、データ配布サイトである**3D Warehouse**からダウンロードしたコンポーネントもたくさん混在します。それらに使われている様々なマテリアルの色調を揃えたい時など、一つ一つのモデルのマテリアルを変更していくのはとても時間がかかりますが、「画面上の色に合わせる」ボタンを使ってそれぞれのマテリアルの色を変えてしまえば作業量が少なく済みます。

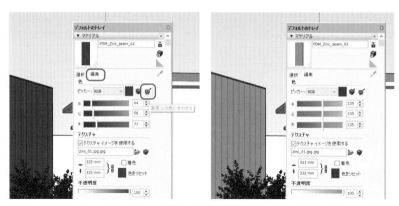

図08-15　マテリアル編集タブの「画面上の色に合わせる」ボタンを使うと同じマテリアルの色が瞬時にすべて変わる

9 ｜ 動的コンポーネント

　動的コンポーネントは対話操作によってモデルの色や形、動きを与えることができるコンポーネントのことです。

　よく使用するのはマウスのクリックで扉の開閉を行うコンポーネント（図08-16）や外壁の色を何パターンか切り替えるコンポーネントです。

　基本設計においては**SketchUp**でのモデルで打合せを行うのですが、ドアや家具扉の開閉方法のアニメーションをマウスのワンクリックで説明することができたり、家具の実施図においては扉の閉まった状況と開いた状況のパースを作成する際にもマウスのワンクリックで切り替えることができるため、一度コンポーネントを作成してしまえば後は非常に楽です。

　BIMでの設計に移行しても、家具図で使用するモデルはおもに**SketchUp**で作成したものをインポートして採用することが多いため、重宝しています。

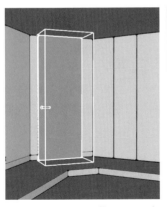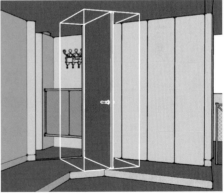

図08-16　扉の開閉状況をコンポーネントで作成

エスキースでも
BIMは必須のツール

☐ **BIM** ☐ **iPad** ☐ **SketchUp**

法規チェックに利用

iPadの手書きによるエスキースを経て、**SketchUp**を使って基本設計を完了させるやり方をとっていますが、途中、法規チェックにおいては**BIM**も活用しています。エスキース段階での法規チェックは、主に集団規定と面積計算です。

まず、**SketchUp**によるスタディモデルを**BIM**に取り込めば、日影規制や北側・道路・高度斜線規制の検討を行うことができます。面積についても、Excelを用いた計算をする必要はなく、**BIM**で作った空間情報をドラッグで範囲指定すると「面積表」が自動作成されます。この方法を使うと、早くて間違いがありません。

1日仕事だったものが10分に

狭小地で敷地条件の厳しい場合は、プランニングの前にBIMで敷地条件を設定し「逆天空率」や「逆日影」を用いて建築可能なボリュームの算出を行います。

一度の作業が10分程度で完了しますし、逆天空率や逆日影を使うことで、どの部分をどれくらいカットすれば制限内に納まるかなどの検討を容易に行うことができます（**図09-1**）。

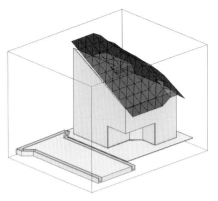

図09-1　道路・隣地・北側斜線、日影、高度斜線等の「鳥かごメッシュ」による法規チェック

図09-2　実際に竣工した住宅

　2次元CADを利用していた時代にこのような法規チェックをする場合、3次元の線データを一から作成したり、あるいは、**SketchUp**のデータを「線データ」として出力して2次元CADに取り込んで日影、天空チェックを行っていましたが、この作業は早くても数時間はかかりますし、そもそも当時使用していたソフトでは、日影や天空は出来ても、逆日影や逆天空はできませんでした。そのため、見当をつけて何度も繰り返す作業となり、結果的に一日仕事になっていました。

　また他に、**BIM**で設計の初期段階でよく使っているのは「平均地盤面算定ツール」です。建物外周部に地盤高さを入力すると、後はすべて自動計算となります。平均地盤面算定図も自動作成でき、後の確認申請時に新たに作成する必要もありません。天空チェック、平均地盤面算定は、**28〜29**（120ページ〜）で詳しく説明します。

　どの**BIM**も**SketchUp**との互換性は高く、私たちが使用している国産**BIM**（**GLOOBE**）も例外ではありません。**BIM**はモデルを作成して2次元図面を自動で作成するためだけのツールではなく、法規や設備、構造まであらゆる情報を統合し、視覚化された情報を元に、干渉等の問題点を解決させながらデザインする総合的なツールなのです。

10

模型からVRへ

☐SketchUp　☐BIM
☐VR Sketch　☐VRヘッドセット

仮想空間に入って作業する

　これまで繰り返し述べてきたように、おおまかなプランがまとまった時点で、**SketchUp**によるモデルづくりを行っていきます。その際、開口部の大きさや位置など空間に大きな影響を与えそうな要素は、その都度**VR**による仮想空間に入り込み、実際に目で見ることで確認作業を行います。

　私たちが使用している国産**BIMソフト (GLOOBE)** にもVRオプションがあるのですが、エスキースから基本設計までを**SketchUp**で行っているため、BIMのVRオプションは利用していません。これまで検討した**VRソフト**は、Twinmotion、Enscape、SketchUpビューア、シンメトリー、SKP2VR、VR Sketchなどです。

　EnscapeやTwinmotionはマテリアルの質感表現がよりリアルに行なえるのですが、
- **PCのスペックがかなり要求されること**
- **建築のボリュームや空間の関係性を把握するためには逆に質感はない方がよい**

という結論に至り、現在は**SketchUp**のプラグインソフトである、**VR Sketch**を使用しています。

VR Sketchでは、VR内で縮尺を自由に変えることができ、模型のように俯瞰してみることや、建物のなかに入って空間を体験することができます。

　またVR Sketch内で、採寸やオブジェクトの移動、削除の他、壁を伸ばしたり開口部を広げたりといった操作も行うことができるため、原寸に近い感覚で空間づくりを行うことができます。VRのなかで原寸大の模型をつくっているような感覚でモデルづくりが可能になるのです（図10-1、2）。これはエスキースや基本設計時には無くてはならないツールとなり、気がつけば模型を作らなくなって4年が経ちました（執筆時点）。

▍模型をつくっていた頃は

　プレゼンテーションのために模型を作成していた頃は、提案日から数日の模型製作日数を逆算して基本設計を完了させ、スタッフにパスします。規模の大きいプロジェクトの場合は提案日から逆算してアルバイトスタッフの募集から始まり、模型材料の手配。1週間〜10日前には基本設計を完成させ、模型製作に着手という流れを取っていました。一時的に事務所は大所帯となり、それはそれで賑やかで楽しいのですが、人件費や模型の材料費、プレゼン後の大所帯での打上げ費用などを考慮すると、VRゴーグル代やVRソフトの使用料は楽に回収できます。

▍VRは模型代わり

　使用しているVRのアプリケーション**VR Sketch**の場合、商用版は月額45ユーロ（6,750円）。以前使用していたSKP2VRの場合、サブスク

で年額99ドル（13,000円）。**VRヘッドセット**は現在使用しているMeta Quest 2（128GB）で59,400円。模型材料や模型製作の人件費と比較すると大幅なコストダウンが可能ですし、何より模型を作らなくなったことで、プレゼン日のギリギリまでデザインスタディを続けられるということが一番のメリットです。

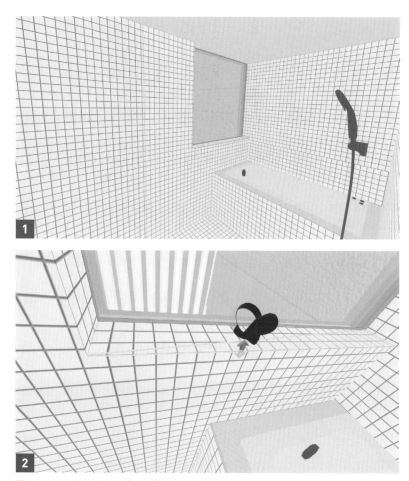

図10-1　VRに入ってモデルの修正をする

BIM による実施設計段階においても VR を活用しており、実施設計が完了した BIM モデルを SketchUp に再度取り込んで、VR Sketch にて確認する作業もまた欠かせません。手摺りの高さやディテール、家具のボリュームなど、画面上のモデルや2次元の図面では判断しきれない部分を VR で確認することで、確信を持って設計を完了させることが可能となります。

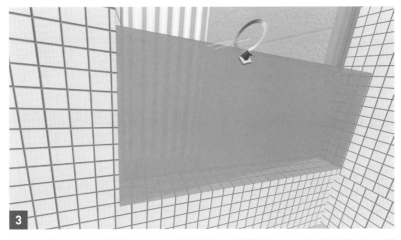

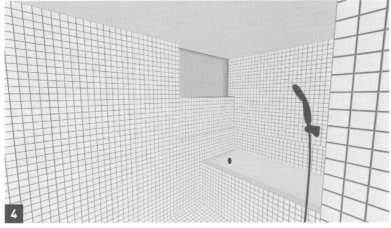

図 10-2　開口部を小さくした

11

プレゼンはムービーとVRで第一印象が勝負①

□ Filmora
□ Twinmotion　□ YouTube

ムービーが熱量を伝える

　設計契約前のクライアントからは、事前にプレゼンのための費用をいただき、約1ヶ月の時間を頂戴してプレゼンに臨んでいます。

　BIM導入以前は、各階平面図と内観・外観のパース、そして1/30程度の模型。これら3点セットで提案していました。

　私たちがプレゼンに向けての準備をしている間、クライアントは、期待と不安を抱えながら1ヶ月を過ごしプレゼン当日を迎えるわけです。世の中には無料で何案ものプランを作ってくれる会社もある中で、1ヶ月お待ちいただきかつ有料、しかも提案は「1案」というプレゼンです。

　しかしその1案は一朝一夕でできたものではなく、ともすればクライアント以上にクライアントの立場に成り代わって、寝食忘れて向き合った日々の結晶と言っても過言ではありません。プレゼン当日は同席できないスタッフも含め、多くの人が自分自身の事のように夢中で向き合ってきたプロジェクトの集大成なのです。

　平面計画は当然のことながら、開口部の位置や大きさ、屋根の形や勾配、外壁の素材や色、階段、手摺りのデザイン等々、プレゼン当日の限られた打合せ時間の中では、とても語り尽くせないほどの創意工

夫がふんだんに散りばめられています。だとしたら、どれほどの熱量とこだわりを持ってこのプレゼン案ができあがったか、この日を迎えたのか、というプロセスを「見える化」することが、この語り尽くせない想いを伝える最も合理的な手段なのではないかと考えました。いわゆる「価値の見える化」です。

　それが、10年前に始めた「プレゼンムービー」の作成です。

┃ つくりかたの実践例① ムービー導入当初

　プレゼンでは、1本3分程度のムービーをつくることが多いです。静止画のみで作成していた頃は、大きく分けて下記の7つのフェーズで作成していました。

1	最初に、家づくりに向けてのヒアリングでお聞きしたイメージや雑誌の切り抜きからスタート。
2	敷地調査を行っている状況のスライド写真。（ここでは必ず調査を行っている担当者や建築家の姿を入れます）
3	白紙の敷地図に手書きで線が増えていくエスキースのスケッチ。これが4枚から5枚続きます。思考がアウトプットされていく過程です。（最終的にどのようなものが現れるのかの期待が膨らみます）
4	模型を制作している様子の写真。担当でないスタッフもたまに入ってもらって、なるべく多く人が関わっているような演出も。全体ミーティングをしているシーンや、行政の担当者と打合せしている姿があり、多くの人が関わってクライアントの想いが白紙の状態から徐々に形としてあらわれていく様を映像として流します。
5	音楽のサビに切り替わる部分で完成した模型写真（東西南北）。
6	パースの外観・内観、1枚5秒のスライド写真で、計10枚程度。
7	ブラックの背景に事務所ロゴ。

つくり方の実践例② 現在

　このムービーも始めてかれこれ10年以上になるのですが、模型から**VR**に変わることで、その内容も変化してきました。

　今は、**ドローンやジンバル**（手ブレ補正撮影器具）、**LiDARスキャナ**（05：

図11-1　タイトル

図11-2　ドローン

32ページ〜）など、設計の密度を高めることのできる様々なツールがあるので、敷地調査の際に撮影した周辺の動画や**ドローン**での空撮（03：17ページ〜）を、プレゼンムービーのプロローグとして使用しています。

　中盤はエスキーススケッチのショット、後半からは、**Twinmotion**（ウォークスルーによる3D動画が作成可能なソフト）による動画とCGの静止

▼

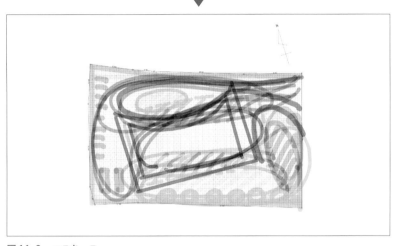

図11-3　エスキース

▼

図11-4　Twinmotion

▼

図11-5 印象的カット。昼影から夕影へ

図11-6 次の動画へのアプローチ

プレゼンテーション動画の一例

画を組み合わせて空間のつながりやシークエンスが伝わるような動画を、シネマチックな演出を意識しながら音楽との調和も考慮し作成しています。

左下のQRコードはそのプレゼンテーション動画の一例です。

ちなみに、このムービーをつくるのはどのようなソフトでもよいのですが、私たちが現在利用しているソフトはWondershareの**Filmora**です。「初心者でも簡単に操作できる」という触れ込みの動画編集ソフトで、買い切りで利用できることで選びました。

▌音楽は重要

プレゼンの始まりはまずこのムービーを流すことからスタートします。

ここに、雰囲気を盛り上げていくための音楽を入れることも必須です。選曲はクライアントの好きなジャンル（ヒアリング時に聞いておく）にすることも多いので、その都度合うものを考えます。

音楽の重要性については、ハリウッドの重鎮たちが映画音響の重要性やこだわりを熱く語る「ようこそ映画音響の世界へ」や、映画音楽の巨匠達が語る「素晴らしき映画音楽たち」というドキュメンタリーの中で、「音は感情に直結する」「映像に音楽を加えることで観客の感情を高ぶらせ、観終わった後も記憶に残すことができる」という言葉を耳にしました。映像は音楽に乗せて初めて心の奥底に届けることができる、と認識させられたおすすめドキュメンタリーです。このあたりを参考にしています。

▌関係者にも楽しんでもらう

プレゼン終了後、持ち帰って検討されるお客様のために、以前はプ

レゼンムービーを DVD に焼き、2枚お渡ししていました。1枚はクライアントがご自宅で何度も見返すために、もう1枚はクライアントのご両親用です。場合によっては資金援助していただける可能性があるかもしれないご両親のためにです。設計者からしてみれば、もうひとりのクライアントと言ってもよいかもしれません。

▌YouTube 限定動画として閲覧いただく

　プレゼンムービーは、現在は**YouTube**の「限定リンク QR コード」をクライアント専用のものとしてお渡しし、プレゼン後も観ていただけるようにしています。限定リンクとする事で、不特定多数の閲覧防止とともに、視聴回数をリサーチし、プレゼン後の顧客の関心度合いを確認することもできますし、後にリンクを切ることもできます。また契約後、実施設計が完了するまで数ヶ月お時間を頂戴することになりますが、その間、夢を膨らませながらお待ちいただくことが可能です。

　その**YouTube**動画の終わりには、他の自社プロジェクト動画リンクへ誘導し、様々な他の作品を閲覧していただくようにしています。より多くの接点を持つことでのザイオンス効果（繰り返し接すると好感度や印象が高まるという効果）を意識しています。

Digital
Tool Box

12

プレゼンはムービーとVRで第一印象が勝負②

☐ BIM
☐ VR Sketch　☐ VRゴーグル

VRで伝わるプランの意図

10年以上前から図面・パース・模型の3点セットとムービーで行ってきたプレゼンも、**BIM**導入をキッカケに模型から**VR**に変革したことで、そのスタイルはこの数年で大きく変わりました。

ムービーの鑑賞から始まって、平面図とパースによるプランの説明をひと通り終えると、次はVRで実際の空間を体験してもらいます。使用するソフトは**VR Sketch**です。

使用する前に目の高さ（VRゴーグルの位置）の設定を行いますが、まれに空間を移動しながら目線位置がずれることがあるため、実際の空間と齟齬がないように、モデル側に床から1,600mm程度を基準とした目盛りを設置しています（図12-1）。

図12-1　目線に近い1,600mmの目盛りを壁に埋め込んでいる。

平面図とパースを使って何度も説明するよりも、仮想空間で体験していただくほうが圧倒的に理解の度合いもスピードも異なります。大人はもちろんですが、お子様でも小学生以上であればプランは説明なしで伝わり、VR空間で建築の概要を理解していただくことが可能です。特に最近は「マインクラフト」ブームで、ゲームの世界でブロックを積み上げて建築を作っている子どもたちが意外に多く、VRで空間の散策をするのはお手の物。お子様が先にプランを気に入って契約に至る場合もあるほどです。

┃2つの契約手法

無事にプレゼンが終わると、次のステップへ進みますが、弊社ではプレゼンにはスタート時点で2パターンの契約手法をとっています。一つは「設計監理委託契約」締結後にプレゼンテーションを行う場合と、もう一つは「仮契約（プレゼンテーション契約）」を締結してから行うパターンです。前者は弊社との家づくりを既に決めていただいている方、後者はほかの設計事務所や工務店等と比較検討されている方となります。

後者の場合はプレゼンテーションは有料であることと、最終的にお渡しする資料はメイン空間のパース1カットのみ。

これまで多くのクライアントと接してきてわかったことは、最終的に契約に至るプロジェクトに関しては、プレゼンが終わったその瞬間にクライアントの心は決まっている、ということです。

このようなプレゼンで期待値を超えることができれば（プランの詳細については後日打合せするとして）、「設計のパートナーは決めた」「この方達と一緒にやりたい」という感情を想起させることができます。その場で設計契約を結べるか、長くても2、3日以内にお返事をいただけます。この感情こそが、購買のトリガーを引く最も重要な要素なのです。なので最終的にお渡しする資料は、プレゼンでの感動体験を想い起こ

すための呼び水としての役割であり、1枚のパースで十分なのです。

　無事契約に進むことになった場合（または契約締結後にプレゼンを行ったクライアントの場合）は、プレゼンで使用したすべての資料をお渡しし、次のステップに進みます。各階平面図のほか、プレゼンムービーはYouTubeの限定公開リンクを提示。VRで入っていただいたモデルについてはスマホやタブレットで簡単にモデルを閲覧することのできる無料アプリ「**Kubity**」のリンクを提示いたします（Kubityについては**14**（**75**ページ〜）で詳述）。

比較検討段階の顧客には

　一方、他社と比較検討中の顧客の場合は、プレゼンテーション費用をお支払いいただいた後に作業に着手し、プレゼン当日はムービー→プラン説明→VR体験、までは同じですが、前述したように最終的にお渡しする資料はメイン空間のパース1カットのみとしています（図12-2）。

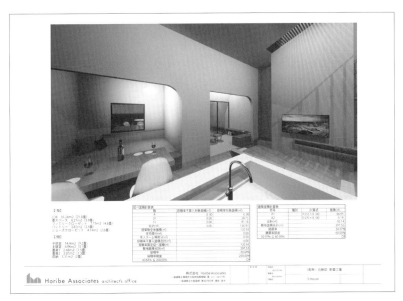

図12-2　プレゼン後にお渡ししている資料

お渡しする資料をなるべく少なくするのは一見盗作防止のように聞こえますが（もちろんそれもありますが）、実際は、私たちのプレゼンを経験したクライアント側の今後の家づくりにおいて「わだかまり」を残さないための気配りでもあります。

　プレゼン時にどれだけ大きな模型を用いて説明を尽くしても、一般の方に伝えきるのは困難です。またご自宅で検討する際に配布物が何もなければ検討のしようもなく、日が経つにつれプレゼン時の感動も薄れてくるため、**BIM**や**VR**を導入する以前は図面を含めた資料（著作物）を配布することはどうしても避けることはできませんでした。

　しかし契約締結前にこれらの資料を配布してしまうことは、契約に至らなかった場合のリスクも伴っていました。

　実際契約に至らなかった案件で、私たちが提案したものに似ている建物（ただし、似て非なるもの）が建っているということもあります。双方に少しもやもやが残ることも。しかしこういった問題も、**VR**の導入によって、プレゼン後にお渡ししていた、各階平面図、主要パース数カットの印刷物、DVD2枚ではなく、メイン空間のパース「1カットのみ」としたことで解決しました。

13 VR体験でモデルを歩いていただく

Digital Tool Box

□VR Sketch □VRゴーグル

VR体験で感嘆の声が

　プレゼンテーションの順番は、まずムービーを見ていただき、次に平面図をもとにプランの説明に入ります。その後質疑応答を経て、**VR**を体験していただきます。VRで利用するソフトは前述した、**VR Sketch**です。

　ムービーから始まり、様々な資料で説明をさせていただいた後でも、やはりVRで中に入っていただくと、ほぼすべてのクライアントが「おお」「なるほどー」「そうなってたのかー」と、改めて、いやむしろ「初めて理解できた」というような感嘆の声を上げられます。

　まず、建物を俯瞰してみるところから始まります。ちょうど、模型を俯瞰して見ているような感覚です。そしてそのまま、手に持ったコントローラーを操作することで、原寸大の家の前に立つことになります。そのまま、家の中に入ります。設定したプレイエリアの範囲内（図13-1）であれば自由に歩いて散策することもできますし、プレイエリアが狭い場合は、手持ちコントローラーから出すビームをVR上の移動したいところに向けてボタンを押すと、その場所に移動できます。ゆっくりと見まわすと、本当にモデルのなかに入ったかのような気分になります。手を伸ばすとバーチャルな柱なのに掴めるような感覚に陥り

ます。階段もすこしずつ段を上がることもでき、2階への移動も簡単です。吹き抜けはその抜け感が体感できます。

　また、日照のシミュレーションにも対応しており、朝の太陽、昼間、西日、夜空なども自在に変えることができます。この家に居て、どのような環境の変化なのか、どこまで日差しが入ってくるのかなど、文字通り体感することができます（図13-2）。

図13-1　プレイエリアの設定（出典：Meta WEBサイト）

図13-2　日照のシミュレーション

VRによるプレゼンのポイントは次の3点です。

1) スケールの指標となるアイテムを配置する

2) アイレベルの指標となる目盛りを各所に設置しておく

3) なるべく全員に体験してもらう

1 ｜ スケールの指標となるアイテムを配置する

例えば住宅の場合、リビングにはソファー、ダイニングにはテーブルや椅子、テーブルの上にはナイフフォークやコーヒーカップ、キッチンには鍋やポット、クローゼットにはハンガーにかかった洋服、寝室にはベッドや枕、を配置するようにしています。

これは生活のリアリティを表現するためでもあるのですが、VRにおいては空間をより身体的に感じてもらうために、比較対象とするための不可欠なオブジェクトとして配置しています。VRの中のものは触ったりつかんだりはできないため、空間の大きさを相対的に把握できるような役目を果たしています。

2 ｜ アイレベルの指標となる目盛りを各所に設置しておく

VRを使用する際の初期の設定として、床レベルの設定があります。この床レベルの設定が完了すると、身につけた**VRゴーグル**のレベルがアイレベルになり、VR空間でもゴーグルをつけた人の目線が仮想空間においても同じ高さになります。

しかし操作を進めるうちに、「ちょっと目線が高いかな」「若干低いよね」というようなことが出てきます。アイレベルが高くなると、実際の空間は狭く感じます。誤った空間認識を与えてしまってはせっかくのVRも意味がありません。

VRに用いるモデルには、階が変わるごとに床から1,600mm程度の目盛りを設定しておき、細かに確認しながら空間体験を行ってもらうようにしています。

　プレゼン時のVR体験ではまず先陣を切ってチャレンジされる方が実際に眺めている画面を同時に外部モニターに映して全員で鑑賞します。その後、次の方にバトンタッチとなるのですが、「私はモニターで見て理解できたので大丈夫です」と遠慮される方もかなりおられます。そこは「そう言わずに」と、なるべく多くの方に体験していただくよう心がけています。

　モニターでの視聴と、VRへの没入感は全く異なる体験です。試してみなければわかりません。また、お子様が小学生以上の場合は必ずVRを体験していただくようにしています。先に記したように今後の購買動機に大きく影響するからです。

ヒアリングシートには夢や希望を

　メールや電話でお問い合わせいただいたお客様には、プレゼンテーションの依頼の有無にかかわらず、初回面談の前にヒアリングシートの記入をお願いしています（図13-3）。これは誰に設計を依頼するとしても、家づくりを考える自身の想いをアウトプットし整理することができるものですので、お客様にとっても無駄になる作業ではありません。また、初回面談の前にヒアリングシートを記入いただくことで、家づくりに対して気持ちが一歩前進し、より具体的で内容の濃いヒアリングを行うことが可能となります。

　そのヒアリングシートでは、車の種類や台数、自転車の台数、持ち込む予定の家具の種類や大きさ、家づくりの具体的なご要望など、ありきたりな内容以外に、家族全員分の記入欄を設け、趣味、好きな食べ物、好きな音楽、感動した映画、好きな色、集めているものなど、家のプランには直接関係のなさそうなことも多く聞いています。

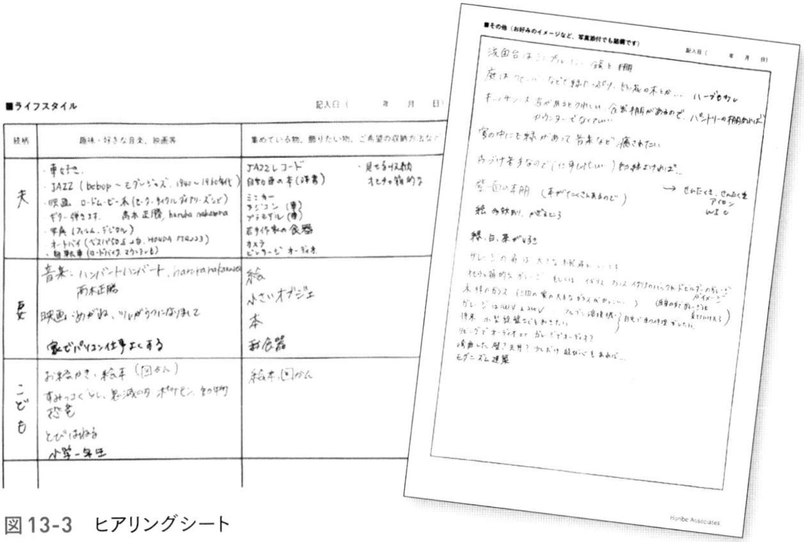

図 13-3　ヒアリングシート

　これらはヒアリング当日の話題づくりに大いに役立ちます。限られた時間の中で、いかに多くのことを引き出すか。言葉にならない声や気持ちを引き出すためには、雑談力が欠かせません。家に対してのご要望の欄が白紙の場合でも、その他が埋まっていれば、雑談で多くのマイホームに対しての夢や希望を引き出すことができます。

趣味や嗜好も

　趣味・好きな食べ物・音楽・好きな色・集めているもの等は雑談のネタだけには留まりません。好きな映画や好きな音楽はプレゼンムービーのBGMに採用することも多いです。
　そして趣味。サーフィン、バイク、読書、バーベキュー、ゴルフそれぞれ様々な趣味がありますが、サーフィンやゴルフなど、置き場所を取るアイテムはプランにも影響を与えますので外してはいけません。
　そして好きな食べ物。VRの中に入って食卓のテーブルに好きな食べ物が並んでいたらどうでしょう。建築とは直接全く関係ないことなのかもしれませんが、逆の立場だったら悪い気はしません。

図13-4　集めているアイテムを置くことで感動に差が生まれる

　そして集めているもの。例えば娘さんがピンク色が好きでクマのぬいぐるみを集めているというようなご要望が書かれていれば……。

夢や希望はデコレーションとして配置

　ここに主眼を置いては本末転倒なのですが、モデルの最後の一工夫としてお子様の部屋を好きなものでデコレーションしておく（図13-4）ことで、VRを体験したお子様は「自分の城」が手に入るという現実を目の当たりにします。

　その結果、両親主導だった家づくりにお子様も参加されることとなり、このことは購買動機に少なからず影響を与えるはずです。私たちにも一人娘がいますが、自分以上に娘の夢を叶えさせたいと思うのが親です。

　VRモデルはご家族全員の趣味嗜好に合わせた工夫を行い、VRはなるべく全員体験していただき、特に小学生以上のお子様には絶対に体験してもらうこと。VRプレゼン必達の掟です。

　ただし、本当に大切なのは建築そのものですので、あまりやり過ぎると逆効果。デコレーションはアクセント程度でなるべく控えめを心掛けています。

Digital Tool Box 14

設計モデルをタブレット上で クライアントと共有

☐Kubity ☐Kubity GO ☐SketchUp
☐VR ☐YouTube ☐GoodNotes
☐QRコード ☐BIM ☐iPhone

3次元モデルでやり取りを

プレゼンの末、無事設計契約を締結すると、基本プランのブラッシュアップ、またはそのまま実施設計に着手することになります。その際のクライアントとのやり取りのベースとなるのは、以前は2次元の図面とパースでしたが、BIM導入以降は3次元モデルも加わりました。

3次元モデルのクライアントとの共有には、**Kubity** を用いています。まず、**SketchUp** で作成したモデルを **Kubity** のサーバーにアップロードし、アップロードしたモデルのリンクアドレスを生成します。そのリンクをクライアントと共有することでパソコンではブラウザ上でモデルを閲覧できます。アプリも不要で登録・ログインもする必要はありません。スマホやタブレットでは無料アプリの「**Kubiy GO**」がインストールされていれば、こちらも登録・ログインすることなくモデルを閲覧することができます。

操作方法も2、3の簡単な操作でウォークスルーでき、360°様々な方向からモデルを確認することができます（図14-1）。**SketchUp** のデータをお渡しするわけではないので、誤った操作でモデル自体が変更されることもなく、ただ閲覧するためだけの、操作もシンプルで非常に簡単なソフトです。

実施設計過程での打合せは、コロナ禍以降、対面ばかりではなくオンラインでも行うようになりました。もちろん、事務所にお越しいただいての打合せの際は**VR**に入っていただきます。

　事前に議題やモデル（全体および部分ディテールのわかるもの）の**Kubity**のリンクを共有し、あらかじめイメージを把握しておいていただくことで、よりスムーズに打合せは進められます。

誰でもすぐつかえるアプリ

　2次元図面の資料で説明を重ねていた時代は、どれだけ説明を尽くしても結局は「素人なのでわからない」との声を度々聞くことがありましたが、**VR**と**Kubity**によるモデルの共有に切り替えてからは、全くそのような声は聞かなくなりました。一部、**Kubity**の操作方法がわからないという声があったため、**YouTube**による操作動画も作成し、誰でも使えるように工夫しています。

　Kubityは、タブレットやパソコン画面でのモデル閲覧や、**AR**（拡張現実）として、机の上にモデルを配置し模型のように俯瞰して見ることができる他、日射のシミュレーションも行うことができます。**SketchUp**や、**BIM**ソフト付属のビューアソフトも試しましたが、**Kubity**はユー

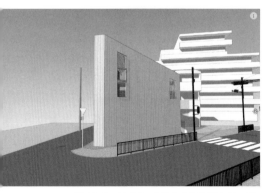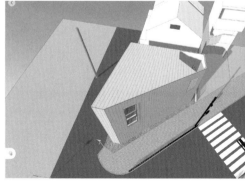

図14-1　Kubityであらゆる角度からモデルを確認できる

ザー登録やログインも不要で操作コマンドが少ない「誰でもすぐに使える」という点で、採用に至りました。

打合せ事項はスクリーンショットに書き込む

基本設計から実施設計が終了するまで、クライアントとは、二次元の図面のほか、**Kubity**でのスクリーンショット画像に**GoodNotes**で手書き追記したイメージも共有しながら、打合せを重ねていきます（図14-2、3）。

実施設計の図面は完了するとA3判で80枚から100枚程度の図面となりますが、その表紙には**QRコード**を2つ掲載しています。「**Kubity**モデル」のリンクと「**Kubity**の使い方動画」の**YouTube**リンクのQRコードです。このリンクのモデルは最終の**BIM**モデルを**SketchUp**に変換したものですので、実施設計図書の内容と100％整合性が取れているものになります（図14-4）。

図14-2 Kubityでは右下の「Snap」ボタンでスクリーンショットが撮れる

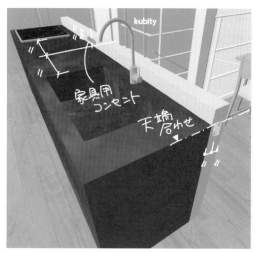

図14-3 撮ったスクリーンショットをGoodNotesに取り込み、設計指示を手書きする

(仮称) ███邸 新築工事

Horibe Associates architech office

2022/11/18

建物CG（スマホ・タブレットでパースを確認できます。）

上記ソフトの操作方法（YouTube）

図14-4　Kubityモデルへのリンクと使い方動画を掲載した、図面の1枚目

施工会社との連携にも利用

施工会社との連携にもこの**Kubityモデル**を利用します。この図面を元に、まずは積算、その次に現場での施工へと引き継がれるわけです。それぞれのフェーズで担当する施工者は、2次元の図面を見る前にこのモデルで視覚的に建物の全容を把握することができます。**iPad**や**iPhone**でモデルを閲覧しながら2次元図面を参照するというように、2次元と3次元を同時に閲覧することで、より深い理解をスピーディーに得ることができ、関係者からは重宝されています。

Kubityはあくまでも視覚的な情報のみを伝えるツールです。

しかし後述する**BIM**には、材料の情報や寸法情報、品番や材料のウェブサイトのリンクまで、様々な情報（インフォメーション）を盛り込むことができます。これらの情報は、共同で設計を行う構造設計者や設備設計者とは積極的に共有したいもの。そのように**BIM**の情報すべてを共有したい相手に対しては、**BIM**ソフトに付属するビューアを使用しています。詳しくは**17**（**86**ページ〜）にて解説します。

CHAPTER **2**

実施設計編

BIMが設計のハブになる

Digital Tool Box

15

実施設計は
BIMで行う

☐ BIM ☐ GLOOBE

BIMの使い勝手考

　国内で流通している**BIM**ソフトはArchicad、Revit、GLOOBE、Vectorworks Architectなどがありますが、現在私たちは国産BIMソフトである、**GLOOBE**（図15-1）を使用しています。

　いずれのソフトも3次元モデルをベースに建物を設計し、それぞれのオブジェクトに情報を持たせることで、2次元化した際にもそれらの情報が反映されるようになっています。3次元モデルにすべての情報が一元化されているので、修正を3次元モデルで行うとすべての2次元化した図面に即座に反映させることができます。

　各ソフトによって使い勝手等が少しずつ異なるので、BIMを検討の際はそれぞれを試してみることをオススメします。

　私たちの場合は、様々なプラグインやアドオンが存在して無限にカスタマイズできる高い拡張性よりも、デジタルの得手不得手関係なく誰もがある程度やれば、習得できるBIMのオートマ車のようなソフトを求めていました。その上でいくつかのソフトを試した結果、法規オプションが充実しているということと、機能拡張が限定されていて習得が容易（？）(私たちはそう感じた) という理由で**GLOOBE**を採用しています。

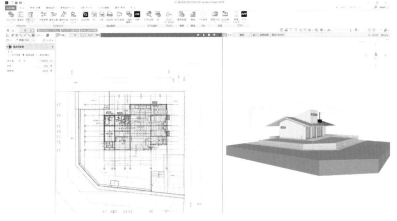

図15-1　国産BIMであるGLOOBEの画面

国産BIMであるGLOOBEについて

ここでは、**GLOOBE**の**BIM**に限定して、使用感を述べていきます。

空間情報からなる単線のプランを各階に設定し、床・壁・柱・天井・開口部・屋根のコマンドでモデルを作成していきます。モデルの作成においてはSketchUpやRhinocerosと似た操作方法になるのですが、**BIM**では一つの壁でも下地や仕上げ、それらの厚みの他、防火性能や不燃・準不燃材料など様々な情報を慎重に入力していく必要があります。

建物の形ができると、私たちは法規オプションでボリュームの確認を行います。日影や天空が必要であればその設定を行い、ボリュームチェックが終わるとLVS（採光・換気・排煙）の確認を行い、開口部の調整を行います。法規オプションで開口部をクリックすると自動的に採光補正係数の計算を行い、有効採光面積が確保されているか表示されます。不足していれば開口部の仕様を変更します。

排煙がある場合は排煙区画を設定し、その区画ごとに自然排煙の検討や排煙免除設定を行っていきます。

このようにして作成したモデルを、平面図においては任意のレベル

で、断面図においては任意の切断位置で切断することで2次元の図面が自動的に出力されます。

　2次元化した際に文字の重なりの調整や余分な線の消去など、図面として完成させるにはひと手間必要ですが、一から図面を描くことに比べれば遥かに時間は短縮できます。

もう2次元CADには戻れない

　建具表に至ってはほぼ手を加えなくてもそのまま図面として使えます。実施設計図面の中でも特に建具に関しては平面図、立面図、断面図、展開図、建具表と様々な図面で作図する必要がありましたので、一度モデルを作成するとすべての図面に反映されるというのは、それだけでもBIMを導入した甲斐があります。また、修正の際も3次元モデルを直すだけで平面〜建具表まで瞬時に反映させることができます。

　BIMで実施設計を行うメリットのうち、もう一つには申請図書作成が瞬時に行える点があります。モデル作成段階でボリュームチェックも同時に行っているので、完成したモデルは既に斜線制限などの法規はクリアできています。建具の大きさや敷地境界からの距離および軒からの高さなどの情報も盛り込み済みですので、コマンド一つでLVS計算および表の作成も可能です。仮に採光面積が足りなくても3次元モデルの建具を修正すれば、すべての図面に変更内容を反映させることができます。この場合2次元CAD時代であれば、申請図書の平面図、立面図、断面図、建具表の他、実施設計図書の平面図、立面図、断面図、平面詳細図、展開図、建具表をそれぞれ修正しなければいけません。これらを実際に体験した今では、もう2次元CADには戻れなくなってしまいました。詳しくは**28〜30**（**120ページ〜**）にて解説します。

16 デザインツールから BIMへのデータ移行

☐ SketchUp ☐ LayOut
☐ BIM

| BIM導入のフローについて

BIM導入当初は、基本設計完了後はBIMに移行して、概算図面や、構造・設備に概要を伝えるための図面を作成していました。寸法が決まっていればBIMでのモデル作成→基本設計図書作成は圧倒的に早いためそうしていたのですが、BIMを導入して4年が経った今では、プレゼンテーションで作成した**SketchUp**モデルを、そのままBIMへインポートして仮定断面および概算見積りを依頼するためだけの基本設計図書を作成しています。

事前に概算見積りをお願いするようにしているのは、実施設計完了後のコストクラッシュを防ぐためです。その間に構造設計者へ仮定断面の検討を依頼し、概算見積りと仮定断面が出揃った時点でBIMでの作業に移行すると手戻りが少なくなり理想的です。

BIMをめぐる設計プロセスの変遷は下記のように試行錯誤を繰り返してきました。

1 | BIM導入当初

▶ **SketchUpにてプレゼンモデルを作成**
▶ **LayOut**（レイアウト／SketchUp Proに付属しているプレゼン用2次元アプリケーション）で**基本設計図書作成**（概算および仮定断面検討用）

- ⚫ **BIMで一から実施設計図書を作成**⇒考察：**LayOut**アプリでも寸法を入れられるが、ソフトの特性上、点しかつかめず、正確な寸法の入力に時間がかかるため、図面作成作業においてはCADに劣る。

2 | 過渡期

- ⚫ **SketchUpにてプレゼンモデルを作成**
- ⚫ **BIMで基本設計図書を作成**（概算および仮定断面検討用）
- ⚫ **BIMで実施設計図書を作成**→考察：簡単なモデルであれば、概算用にBIMで基本設計図書を作成してもそれほど時間はかからないが、自由で複雑な形状のモデルをBIMで表現するには手間がかかる。

3 | 現在

- ⚫ **SketchUpにてプレゼンモデルを作成**
- ⚫ **SketchUpモデルをBIMに取り込んで基本設計図書を作成**（概算見積りおよび仮定断面検討用）
- ⚫ **概算見積りと構造仮定断面を確認し、基本設計に影響を及ぼすような変更を伴わないことを確認できれば実施設計へ移行**
- ⚫ **BIMで実施設計図書を作成**→考察：**SketchUp**モデルを**BIM**に取り込む際、平面図は、**SketchUp**上でのレイヤ分けなど少しコツがいるが、断面図、立面図はレイヤ分けに関係なく、**BIM**に持ってくれば図面化することは容易。寸法や文字を入れるのは、**LayOut**アプリより断然BIMの方が早い

　構造の仮定断面が出てきてから大幅な修正が生じる可能性を考えると、上記のように進めるのが一番無駄がないため、現在はその進め方を採用しています。

　具体的には、**SketchUp**モデルから**BIM**モデルに移行する場合（図

16-1) は、

ポイント1 各階ごとにレイヤ分けをしたモデルをBIMでそれぞれの階に配置する。

ポイント2 SketchUpモデルの作成時から各階ごとにレイヤ分けをしておくと便利（エスキース段階でそれを意識したくない場合は、後でレイヤ分けしてもよい）（図16-2）。

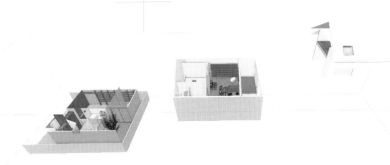

図16-1　平面モデルは各階に分け、BIMにインポート

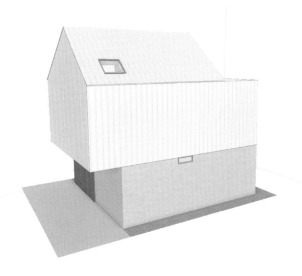

図16-2　各階モデルを重ねた立体モデル

構造設計者・設備設計者とは
詳細設計モデルを共有する

☐ BIMモデルのビューアソフト
☐ Kubity

構造設計も並行して進められる

BIM導入前の、2次元CADをメインに設計していた頃は、基本設計終了後に構造設計者より仮定断面を入手しそれをもとに実施設計を進め、設計が完了した段階で構造設計者に実施図を配布し構造図を依頼します。構造図が完成すると、意匠図と構造図を精査して、調整を行い、実施設計が完了するという流れでした。

BIM導入後は、基本設計終了後に構造設計者から仮定断面を入手するところまでは同じ。その次に、仮定断面をもとに**BIM**モデルを作成し、モデルがある程度完成した時点で、一般図と矩計図、**BIM**モデルのデータ（ビューアソフトのファイル形式）を構造設計者と設備設計者に配布します。構造・設備側では、BIMモデルの**ビューアソフト**を利用して情報を確認しながら詳細設計を進めます。

意匠側では、**BIM**モデルの作り込みをさらに進め、モデルが完成した段階で次の作業（2次元図面への書き込み）に着手します。図面としての体裁を整える作業に着手する前に、とりあえず仕上がったモデルを共有することで、並行して設計作業を進めることができる（図17-1）ため全体の設計工程を短縮することができます。

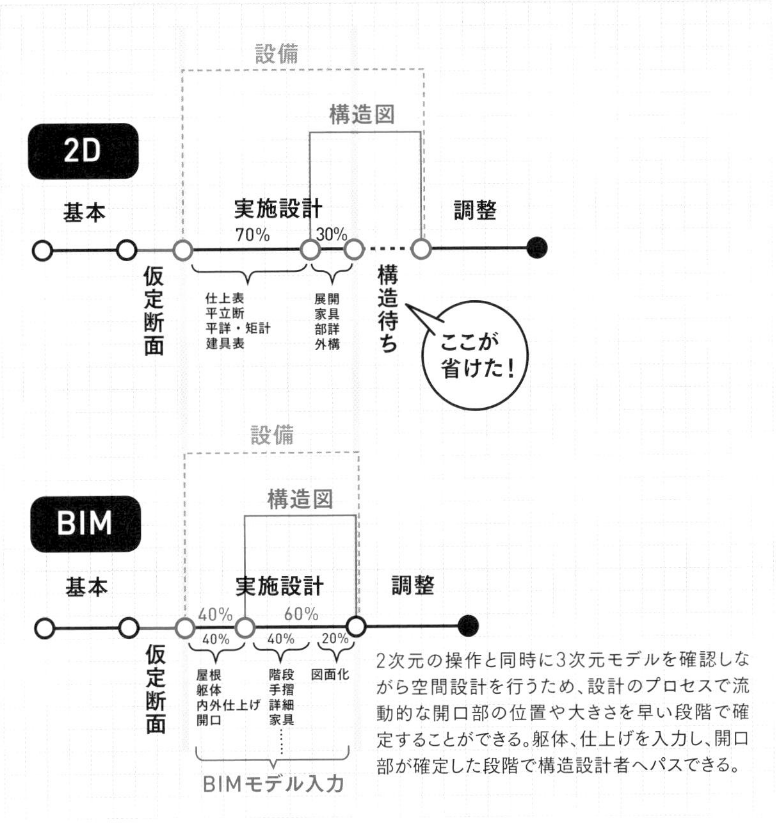
設備
構造図
2D
基本
実施設計
70%
30%
調整
仮定断面
仕上表
平立断
平詳・矩計
建具表
展開
家具
部詳
外構
構造待ち
ここが省けた！
設備
構造図
BIM
基本
実施設計
40%
60%
調整
40%
40%
20%
仮定断面
屋根
躯体
内外仕上げ
開口
階段
手摺
詳細
家具
図面化
BIMモデル入力
2次元の操作と同時に3次元モデルを確認しながら空間設計を行うため、設計のプロセスで流動的な開口部の位置や大きさを早い段階で確定することができる。躯体、仕上げを入力し、開口部が確定した段階で構造設計者へパスできる。

図17-1　BIM導入後は実施設計途中から意匠設計と構造設計を並行して進めることができるようになった

専門家との協働にも

ビューアソフトは**BIM**ソフトを持っていなくても無料で使用することができます。外壁や屋根を選択すると、下地からの構成だけでなく、屋根の勾配や面積まで瞬時に表示され、開口部を選択すると開口の大きさから設置レベルまで即座に把握することができます。

そのため、数十枚の実施設計図書をめくって全容把握に努めなくて

も、知りたい部分をクリックするだけで知りたい情報を入手することができます。材料の面積が表示されるということは、構造設計者においては建物の自重を容易に把握することができ、設備設計においては天井懐（フトコロ）の寸法や梁の断面も BIM モデルのマウスクリックで把握できるため、給排水配管ルートや換気配管ルートの検討も意匠設計者に質疑しなくとも設備設計側で確認することが可能です。多くの情報が盛り込まれた BIM モデルを共有することで、構造・設備それぞれが、それほど時間をかけずとも概要を把握することができます。結果的に意匠・構造・設備間の質疑・相談・確認ごとが減り、共同での設計もよりスムーズに進むようになりました。

▎BIM では納まっていても……

このように BIM に入力した情報すべてを誰とでも共有することが可能なのですが、すべての情報を施工者やクライアントと共有をすることは、逆に避けたい場合もあります。BIM 上では納まっていても、作業の都合で現場では納まらないこともあります。BIM モデルでは寸法を当たることができるので、施工図での検討や現場での打合せを行わずに「BIM の寸法で施工した結果、うまく納まりませんでした」というようなことにならないよう、ツールの使い分けが必要です。

すべてを開示し共同で設計を行うチーム内での情報共有は BIM 付属の「**ビューアソフト**」で、齟齬のないイメージの共有のみを行うことが目的の場合は「**Kubity**」で。このような使い分けが効果的です。

Digital Tool Box

18

BIMモデルを100％完成させることは不要

□BIM

どこまで描くべきか

　実務において、手書き図面から2次元CADに移行した時代を経験された方なら、作図画面を拡大することで1分の1の精度まで描けてしまうCAD図面の場合、どこまで描くべきなのか、どこで終わらせるべきなのか迷われたことがあるのではないでしょうか。2次元CADから**BIM**への現在、私たちも完全に**BIM**へ移行できるまでの間、その当時と同じような経験をしてきました。

　作り込めば作り込むほど精度は高くなりますが、どの部分をカットしても断面情報に漏れがない**BIM**モデルを作成することは、一見理想的ではありますが、まだ最終的には2次元図面で表現しなければならない時代です。自分の作成している3次元モデルがどれだけ完成度が高くても、悦に入っていてはいけません。モデル作りと並行しての2次元図面化にも案外時間がかかるのです。

切断位置を早めに決める

　そこで**BIM**導入のポイントとしては、実施設計を進めるにあたって、ある程度モデルができた時点で2次元図面のレイアウトを決めてしまうことをオススメします。こうすることでモデルを作り込むべき部分

が早々に把握できますし、モデルを修正しなければならない箇所もわかります。一度レイアウトした2次元の図面データも、モデルに変更があれば最新のモデルに合わせて更新もできるので手戻りなどの心配もありません。**BIM**モデルを変更すれば、それに関連するすべての2次元図面に変更内容が反映されます。

　図**18-1**は**BIM**のモデル画像、図**18-2**は2次元図面化したものとなります。

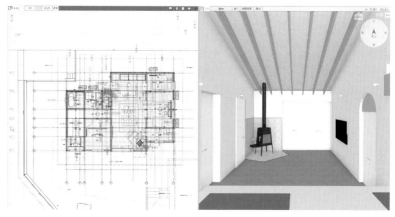

図18-1　BIMのモデル画像

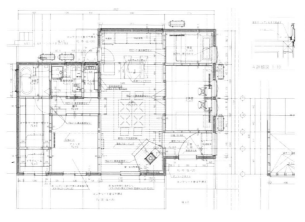

図18-2　2次元
図面化したもの

完璧を追求しない

　具体的な2次元の図面化の作業としては、モデルがある程度完成した時点で、断面図や矩計図の切断位置のほか展開視点の決定を行います。

　このようにすることで、2次元図面は自動で出力されますが、ここから、細かい線の追加や包絡処理、寸法入力、引出線による仕上げ情報の追加などを行う必要があります（図18-3）。モデルをつくり込んだのにまだ調整が必要というよりも、「これだけの線を描かなくて済んだ」と受け止めることが大切です。

　完璧なモデルを追求していつまでもモデル作成を行っていては仕事が終わりません。どこを切っても適切な断面図が出せるような、2次元図面に完璧に移行できるモデル作成よりも、構造体や設備配管をモデルに入力して、納まりの検討を並行して行い、現実的に成立する**BIM**モデルの作成に努めることが重要です。いつまでもモデル作成で留まっていて結局図面化できず座礁してしまうよりは、建具と通り芯と壁の線が自動で引けただけでも元が取れたと思って、とにかく実務で使い続けることが大切です。

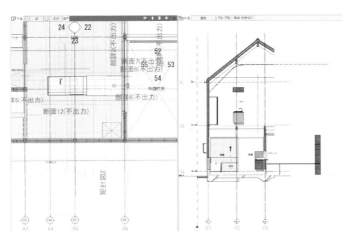

図18-3　決定した矩計図切断位置でのモデル画像

文字は手修正する

　寸法や引出線についても、**BIM**におまかせで自動出力することもできますが、図18-4のようになってしまいます。これらを自分好みの見た目になるよう修正を行うか、レイアウトした2次元図面上で必要な情報を一から入力していく方法があります。一から入力すると言っても**BIM**モデルには既に情報が入力されているため、例えば引出線については2次元上で対象にマウスカーソルを近づけるだけで文字が自動で入力されます（図18-5）。これらの2次元での作業も全体の2～3割程度を占めるため、モデルのつくり込みは7割程度と割り切って、断面、矩計、部分詳細等で表現したい部分を早期に確定し、なるべく早い段階で2次元図面での作業に着手するようにしています（図18-6）。

図18-4　BIMでおまかせの自動出力をした2次元図面

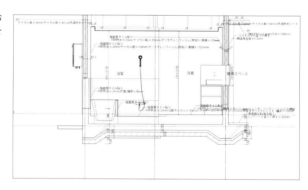

図18-5　BIMでおまかせとせずに、2次元図面化後に追記したもの

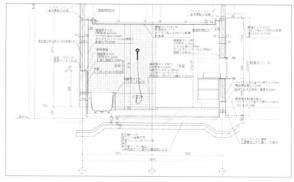

3	床見切り詳細図

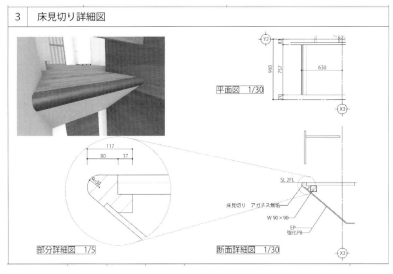

平面図　1/30

117
80　37

SL 2FL

床見切り　アガチス無垢

W 90×90

EP・
強化PB

部分詳細図　1/5

断面詳細図　1/30

2	WD5詳細図(タオル掛け付き敷居鴨居)

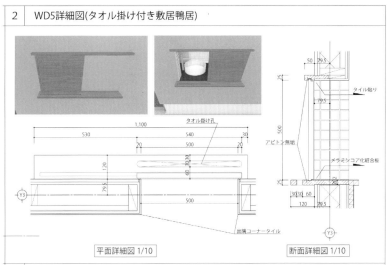

タイル貼り

アピトン無垢

メラミンコア化粧合板

タオル掛け孔

1,100
530　540　30
20　500　20

120
60 30 30

79.5

500

500

出隅コーナータイル

30 30　60
120　79.5

平面詳細図 1/10

断面詳細図 1/10

図18-6　2次元図面とパースを組合せた部分詳細図

まずは確認申請書類の作成から

　ちなみに、2次元CADから**BIM**での設計へ切り替える際に私たちが設計中だった物件は、3階建て延べ面積約1,500㎡のオフィスでした。実施設計はすべて2次元CADで完成させ、確認申請作業に着手した際にBIMに切り替えました。申請作業のために一から入力したデータは、敷地情報、空間情報、通り芯、建具、屋根のみ。その際の**BIM**モデルが図**18-7**です。このモデルから抽出した図面はA2判サイズで23枚（図18-8）。

　面積表（図18-9）、建具表（図18-10）、LVS（採光・換気・排煙）の計算表等、これらの作業を2次元CADとExcelで行うとなると想像するだけでもゾッとします。このモデル作成は完璧なモデルを作成する場合の作業と比較すると全体の2割程度だと思いますが、それでもこれだけの図面がすべて自動で出力されるのです。どのプロジェクトから**BIM**に移行するか迷ったときは、このように確認申請図書作成からスタートするのもよいと思います。

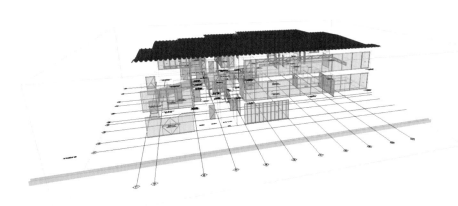

図18-7　この1500㎡のモデルの図面を抽出したところからBIMとのつきあいが始まった

| A-4 面積求積図 | A-6 2F用途別面積表 | A-7 3F用途別面積表 | A-18 1F排煙区画平面図 | A-19 2F排煙区画平面図 | A-20 3F排煙区画平面図 | A-21 排煙面積求積図 |

| A-22-1 1F採光・換気面積求積図 | A-22-2 2F採光・換気面積求積図 | A-22-3 3F採光・換気面積求積図 | A-22-4 採光・換気面積判定表 | A-23 防火区画求積図 | A-24 建具表1 | A-25 建具表2 |

| A-26 建具表3 | A-27 建具表4 | A-28 建具表5 | A-29 建具表6 | A-30 建具表7 | A-31 建具表8 | A-32 建具表9 |

| A-33-1 建具表10 | A-33-2 建具表11 |

図18-8　自動出力された23枚の図面

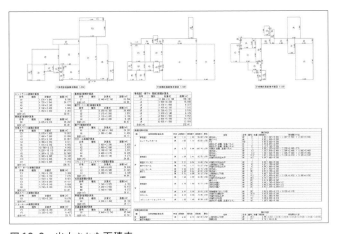

図18-9　出力された面積表

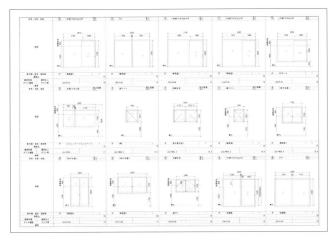

図18-10　出力された建具表

平面図と展開図だけではなく、カラーパースを貼り込む

☐ BIM ☐ SketchUp ☐ iPad

以前は別にパースを作成して貼り付けていた

　BIMを導入する前の数年間は、2次元CADで作図した展開図に、**SketchUp**で作成したパースを貼り付けていました（図19-1）。パースを併用する前に比べると、断然イメージが伝わりやすくなったものの、実施設計に合わせた**SketchUp**モデルを並行して作成していたため、その手間がかかるのが難点でもありました。また、図面の変更があると、その作業とは別に**SketchUp**モデルの修正をしなくてはいけ

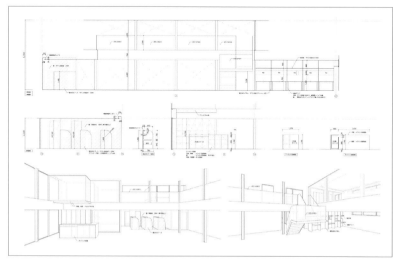

図19-1　SketchUpで描いたパースを図面に差し込んでいた

ないという問題点も。また、当時はカラーでの図面出力が一般的ではなかったため、**SketchUp**のパースをモノクロの線画に変換して、かつ、不要線の削除や結線、包絡処理等の図面化の作業に、ひと手間かけていたことも時間がかかる要因の一つではありました。

同じモデルからパースも切り出す

　BIM導入後は、出力した図面とパースには100％整合性がある（同じモデルから切り出している）ので、修正時も一つの**BIM**モデルを修正するだけで済みますし、パースをそのまま図面に貼り付けることで手間は大きく減らすことができました（図19-2～4）。色付きのパースはクライアントとの打合せや現場での説明時にも意思疎通が容易になります。ただ、印刷代を抑えるために白黒印刷にされる工務店さんもまだ多いので、そのような場合には、実際に作業をされる職人さんには**iPad**などでカラーのパースを現場で見てもらうこともあります。

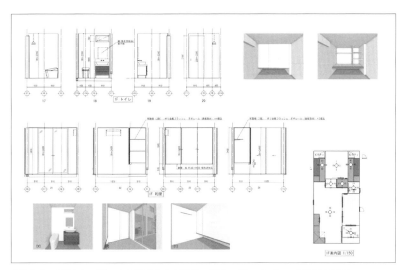

図19-2　BIMのモデルから出力した図面に、同じモデルのパースを貼り付ける

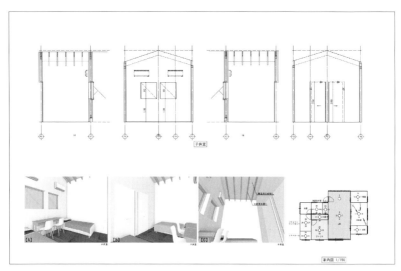

図19-3　2次元図面では表現しきれない場合はパースにも文字を追記する

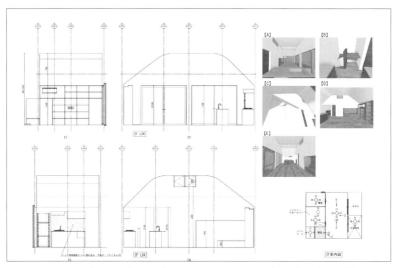

図19-4　パースが加わると勾配天井のスタートラインと開口高さ、家具高さが揃っていることもわかりやすい

20 家具図や詳細図はモデルを多用

□SketchUp　□BIM
□3D Warehouse

寸法ツールがつかいにくいSketchUp

設計する建物が、それぞれの敷地、それぞれのクライアントに合わせたオーダーメイドであれば、その建物にピッタリな家具や階段も必然的にオーダーメイドになる場合が多く、家具図や階段詳細図などが必要になります。BIMを導入する前の数年間、従来2次元で表現していた家具や階段の図面を、**SketchUp**で作成したパースでの表現に変えていました。

普段図面を見ることのないクライアントには、家具の扉の開閉方法などをビジュアルで確認していただくことができ、好評でした。ただ一方で、**SketchUp**の寸法ツールや文字ツールは図面化するには使い勝手が少し面倒な点もありました。**SketchUp**上で入力した寸法や文字はパースのアングルを変更するとその都度また位置修正したり体裁を整える必要がありました。

BIMにインポートして利用

BIMを導入してからは、2次元の図面に3次元モデルのパースを加えるようにし、図面としても見やすいものにすることができました（図**20-1**）。また**SketchUp**と2次元CADのハイブリッド時代では「CGは

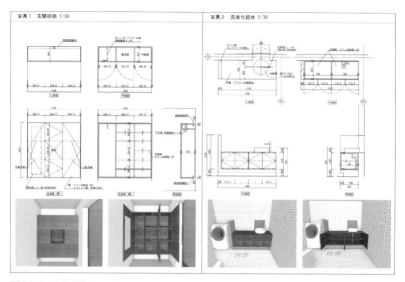

図20-1　BIM導入により、一目でわかりやすい家具図を作成している

イメージです」と注釈しなければいけなかったものが、BIMの場合は
3次元と2次元はまったく同じもので誤差がないため、そのような注釈
は不要です。部分詳細もBIMモデルで360°様々な方向から納まりを
検討し、完成したモデルを縦、横で切断して2次元図面を作成してい
ます。

　水栓や洗面ボウルなどの住宅設備は、メーカーの商品から選ぶこと
がほとんどですが、大手企業のサイトからダウンロードできる3次元モ
デルは増えてきたものの、建築家好みのデザインのよいプロダクトを
作り続けているメーカーのデータ提供は2次元データ提供止まりである
ことがほとんどです。ですので、今のところメーカー側からの提供がな
い場合は、使いたいプロダクトの2次元データを取り寄せ、**SketchUp**
でモデルを作り、それを**BIM**にインポートする、という作業を行って
います。
　また**SketchUp**では、他の人が作成したモデルのダウンロードや自分

が作成したモデルのアップロードを行うことができる**3D Warehouse**というコミュニティツールがあります。ここで品番や品名で検索を行い、似たようなモデルをダウンロードして流用する方法も非常に便利です。早くすべてのプロダクトの3次元データが当たり前にダウンロードできるようになればよいのですが。

1 | 従来からの２次元データ

▶**従来の家具図**（図20-2）
▶**立体的なイメージがつかみにくい**

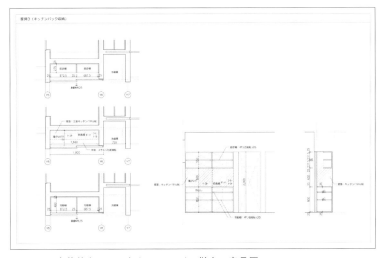

図20-2　立体的なイメージがつかみにくい従来の家具図

2 | SketchUpモデル

▶**立体的なイメージがつかみやすい**（図20-3）
▶**SketchUpの寸法ツールは図面としては見にくい**
▶**パースのシーンを変えると文字が隠れてしまう場合があるのでシーンごとに寸法と文字のレイヤを分けるなどのひと手間が必要**

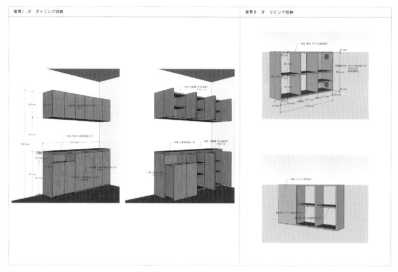

図20-3　SketchUpモデルでつくった立体図面

3 ｜ BIMにSketchUpで作成した家具モデルを取り込む

▶寸法は2次元図面に記入したほうが読みやすい（図20-4）
▶複雑な階段はBIMよりSketchUpが便利

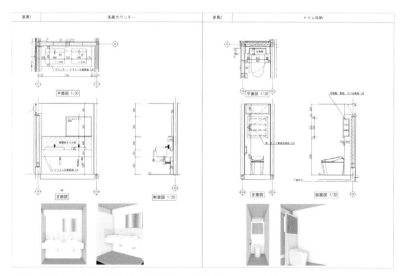

図20-4　SketchUpをBIMに取り込み、図面もBIMから出力した図面

　ただし、階段などの複雑なデザインのものについては、2次元図面よりも**SketchUp**のパースに寸法を入れたほうがわかりやすいものもある（図20-5、6）。

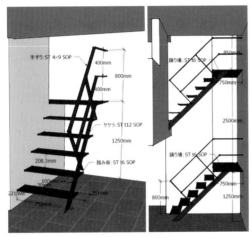

図20-5　SketchUpで作成した階段の3次元表現による寸法入りの図面（左）と実際に竣工した階段（右）

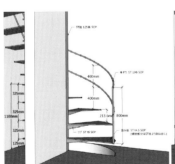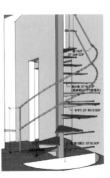

図20-6　SketchUpで作成した階段の3次元表現による寸法入りの図面（左）と実際に竣工した階段（右）

21

BIMの2次元CAD機能の肝はショートカット

□ BIMの2次元CAD機能

2次元CAD機能は使える！

　BIMの使い始めの頃は、やはり以前使っていた2次元CADに戻りたくなる瞬間が幾度となく訪れます。しかし、せっかく投資したBIM、そこは何とか我慢して**BIMの2次元CAD機能**をマスターすることをオススメします。

　今まで2次元CADを使いこなしていた方なら、BIMの2次元CAD機能を使いこなすことは簡単です。基本的に異なるのはコマンドの名称とアイコンのみ。2次元CADでできることはすでにご存知だと思うので、コマンドさえ自分の好みにカスタマイズできれば今までの2次元CADとほぼ同じと感じていただけるはずです。

Jw_cad、AutoCADとの親和性も

　また片手でマウスだけで操作するよりも、コマンドのショートカットキーを使って両手を使うほうが作業のスピードも格段に上がります。たとえば私たちはスタッフ全員共通のショートカットキーを使っていますが、これらは多くの方が一度は使われたことがあるであろうJw_cadと同じショートカットキーです。特に、私たちが利用する国産**BIMソフト**（GLOOBE）の場合は、マウスだけの操作で拡大縮小できるなど

の点においても Jw_cad との親和性は高いです（図21-1）。AutoCAD の
設定も準備されています。

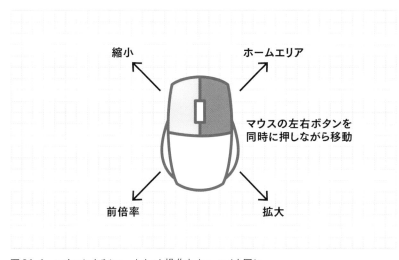

図21-1　マウスによるショートカット操作も Jw_cad と同じ

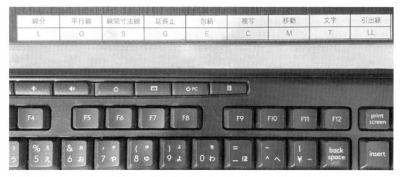

図21-2　ショートカットが身につくまではキーボードにシールを貼り付ける

22

線種設定・レイヤー管理からの解放

☐ BIM

面倒な設定

BIMでは、壁や柱、仕上げや建具などのオブジェクトごとに初期設定で線種やレイヤーの設定がなされているため、2次元CADで当たり前のように行っていた、線種設定・レイヤー管理は**BIM**のモデル作成においてはほとんど必要がなくなります（図22-1）。

2次元CADで、別々のスタッフが作成した図面の線種設定が異なっていたために、実施図提出ギリギリ前になってそれらの修正に時間がかかったり、レイヤ分けがしっかりできていれば、線種変更も簡単にできたのにと、苦い思いをしたことはないでしょうか？

図面表現に直結する線の種類や、2次元での図面編集作業には欠かせないレイヤー分け。建築のデザインとは全く関連性がないけれど、実務において非常に重要なこれらの作業から解放されることで、デザインに注力する時間を捻出することができました。

図22-1　デフォルトで設定されている、オブジェクトおよびレイヤー

Digital
Tool Box

23

モニター複数台での
作業は効果的

☐デュアルディスプレイ　☐トリプルディスプレイ
☐SketchUp　☐Rhinoceros

ひとり2台以上は利用したい

　一つの大きめのモニターを使うのも作業効率の面からよいですが、やはり実施設計など同時に様々な資料を確認しながら進める作業には、2台設置の**デュアルディスプレイ**、もしくは3台の**トリプルディスプレイ**がオススメです（図23-1）。

　最近の私たちの実施設計時の使い方としては、真ん中のメインのモニターでBIMの作業を、左のモニターでは基本設計時の**SketchUp**、**Rhinoceros**でのモデルや家具デザインの確認、右のモニターではWEB検索や打合せ議事録、その他図面資料などの確認を行っています。

　デュアルディスプレイ化でデスクワークの生産性が平均42％向上するという調査結果も出ています[*1]。

　人手不足で求人をかけようかと思いあぐねる前に、事務所を見渡して社員数の倍のモニターがないならば、真っ先に**デュアルディスプレイ**化を行うことをオススメします。

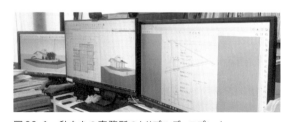

図23-1　私たちの事務所のトリプルディスプレイ

参考資料　＊1　Jon Peddie Research による 研究。https://www.jonpeddie.com/news/jon-peddie-reseARch-multiple-displays-can-increase-productivity-by-42/

Digital Tool Box 24

BIMモデルはマスターデータとして一元化する

□ BIM

面倒くさくても元を修正

BIMから出力した2次元図面をあとから修正したくなることがあります。マスターデータである BIM モデルを修正することで平面・立面・断面等すべての2次元図面に反映できるというのが**BIM**のメリットですが、BIM ソフトによって修正が随時反映されるものと、「更新」ボタンを押すことで反映されるものがあります。

後者の場合、簡単な修正であれば、出力済みの2次元図面シートを修正したほうがよい場合もありますが、多少面倒くさくても元の BIM モデルを修正することが基本です。

出力した2次元図面のみを修正する場合と、モデルに戻って修正した後に2次元図面を更新する場合では、後者はひと手間多く掛かっているように見えるかもしれませんが、今後さらなる修正が必要な時など、図面間で修正漏れが出る可能性もあります。常にモデルとリンクしているので、モデルの情報に戻ってしまう、というわけです。

特に複数人で同じプロジェクトに携わる場合は、情報の一元化が重要です。

また、現場監理が始まってからの修正では、実施設計モデルを受け継いだ、監理用のモデルを作り、その都度修正を加えておくと、竣工図面作成時の手間が大幅に減ります。その場合はモデルだけ直しておい

て、最後にまとめて図面を更新するとよいでしょう。これを図面シートだけで修正を重ねているといつか破綻しかねません。

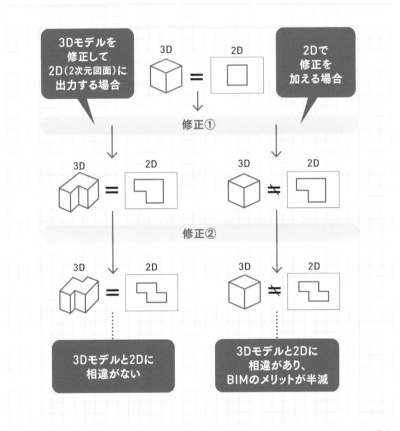

図24-1　BIMモデルの修正を一元化するという模式図。2Dで修正を加えると2Dの見た目が同じでも、修正回数が増えるほど各図面の整合性が悪くなり、BIMのメリットが半減する。

分担作業が可能に

□BIM

参照しながら計画を

同じ敷地内で既存建物の「改修」と「新築」を同時に計画する時など、建物の図面は別々に作成したいが、共有の庭や外構はひとつにまとめて計画したい場合があります。そんな時に便利なのが、**BIM**モデルの外部参照機能です。

外構のモデルファイルに別々の建物モデルを参照させることができます。各建物モデルに手を加えたいときは、各モデルファイルを修正します。参照モデルを更新することで別々に作成を進めているモデルの最新データを取り込むことができます。つまり、作業者が3人いれば、改修建物、新築建物、外構のモデルを同時に進めていくことが可能となるのです。

また、周囲の既存建物との高さバランスなどを検討したいときにも非常に便利です。**図25-1**は、既存建物からの動線を考慮しながら外構モデルを検討しているもの、また、**図25-2**は、増築計画において既存建物との高さバランスを検討しているものです。

小さなプロジェクトでは一人の担当者がモデル作成を行いますが、大きなプロジェクトでは、建物を「階」や「区画」に分けて、複数の担

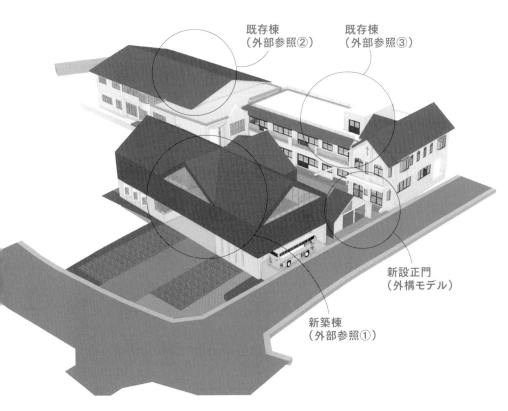

既存棟
（外部参照②）

既存棟
（外部参照③）

新設正門
（外構モデル）

新築棟
（外部参照①）

図25-1　外部参照のBIMモデルを呼び出し、外構のモデルを検討する

既存建物
（外部参照）

計画モデル

図25-2　外部参照モデルと計画モデルの高さバランスを検討

当者で分担してモデルを作成することも可能です。

　このようにして完成したモデルを元にして、2次元の図面作成に移行します。

┃ モデル操作と図面作業を同時に

　また、住宅規模であればモデルファイルを操作する担当者は専任とし、そこからレイアウトされた2次元図面での作業を複数人で行うのがオススメです。経験豊富なスタッフがモデルから抽出された平面詳細図や矩計図の書き込みを進めている間に、一般図の作成や展開図の整理等は経験の浅いスタッフでも行うことができますので、適材適所、役割を分けて作業ができます。何人かで作業を分担することで新たな視点で建築を客観視することができ、実施設計終盤においてでも、新たなアイディアや変更案が出てくることもあります。そのような変更があった場合は、モデルファイルに変更を加え、それぞれの図面を最新モデルの情報に更新することで変更内容は自動的に反映されます。また部分的に図面を更新することもできます（図25-3）。

図25-3　更新したい部分だけ再作成することもできる

これらモデルや2次元図面の分担作業はモデルファイルに紐付けされたリンクファイルをネットワーク越しに参照（図25-4）しますので、事務所にいなくても在宅勤務のスタッフにも作業してもらうことも可能です。

　シートは追加していくことができますので、実施設計終了後も同じモデルをベースに申請用の図面シートを作成します。

　現場が始まってからの変更は、上記モデルをコピーした監理用モデルファイルを作成し、そちらに反映させていきます。

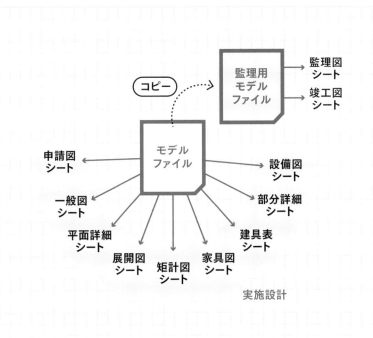

図25-4　BIMのモデルとその周辺ファイルとの関係図（GLOOBEを例に）

26

実施図チェックは
ペーパーレスで同時作業

☐iPad ☐GoodNotes ☐PDF
☐SplitView
☐LINE ☐Slack

すべて印刷していた

iPadを使用する前は、出来上がった数十枚の実施図面をすべて印刷し、すべてに目を通して朱書きを行っていました。頑張って図面を仕上げてくれたスタッフが週末の帰り間際に大量の図面の出力を終え、「チェックお願いします」とバトンを渡されることも多く、彼らが週明け月曜日から修正作業に着手できるよう、土日でチェックを完了させるということもしばしば。チェック図は裏紙利用NGとしていましたので（裏の線が写り込んで正確にチェックができないため）、インクと紙の大量消費が続いていました。

PDFそのままでチェック

iPadの導入を期に、図面のチェックはすべて**PDF**データの図面とし、それを**GoodNotes**にて朱書きすることに変わりました。紙の図面でチェックしていたときは荷物がかさばり、移動中の新幹線や長距離バス内での作業は無理がありましたが、**iPad**の場合は場所を選びません。また**SplitView**を使うと2つのアプリを左右に並べて表示できるため、平面詳細図と展開図など、異なる2つの図面を同時に1画面で確認することができます（図26-1）。

またGoodNotesの共有機能を使用すると、別の場所にいてもチェックした修正内容が離れた場所にいるスタッフのGoodNotesにも瞬時に反映されます（図26-2）。出張先で図面チェックを行い、チェックが完了した図面をもとに、事務所にいるスタッフは図面やモデルデータの修正を行います。紙もインクも使用せず、またLINEやSlackで「チェック終わったよ！」との連絡せずとも、GoodNotesのチェック図に「チェック完了」と記載しておけば、スタッフもスムーズに修正作業に着手できます。

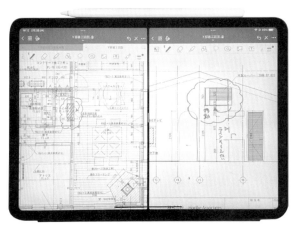

図26-1　SplitViewによる2画面表示図面チェック

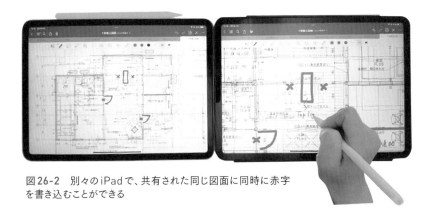

図26-2　別々のiPadで、共有された同じ図面に同時に赤字を書き込むことができる

Digital
Tool Box

27

見積り依頼時には BIMの数量を共有する

☐ **BIM**
☐ **Excel**

数量を大枠で把握する

実施設計が完了し、複数の施工会社に相見積りを依頼する際に、**BIM**から生成される「数量表」（図27-1）も配布するようにしています。数量を保証するものではないのですが、積算をしていただく方々にとっては非常に役立つ指標になるはずです。

また、相見積りの場合は他社の数量と比較ができるため、大幅な数量間違いを見落とすことがないのですが、施工会社1社に特命で見積りを依頼する場合は、数量の検証が行えないため、**BIM**の数量は設計事務所側が妥当性を判断するうえで貴重な拠りどころになります。**BIM**から集計表形式で**Excel**に出力することもでき、単価を変更することでおおよその金額を事前に把握することも可能です（図27-2）。

ただしこの数量はあくまでも**BIM**上の実数量で、例えば「0.5㎡以下の開口欠如は無いものとする」といった積算基準に則ったものではありませんのでご注意ください。

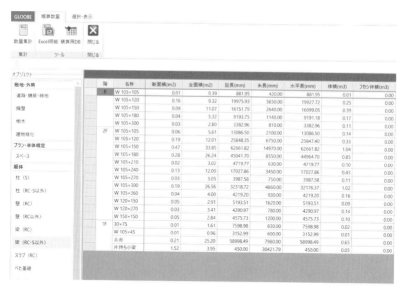

図27-1　BIMでは概算数量をはじき出すことができる

	A	B	C	D	E	F	G	H	I
1								概算合計金額	5,797 円
2			集計（階別）		梁（RC・S以外）			単価	
3								30×75	1 円/m
4				合計数量（m）	平均単価（円）	合計金額（円）		W 105×105	1 円/m
5								W 105×120	1 円/m
6				342.9m	1 円	343 円		W 105×150	1 円/m
7								W 105×180	1 円/m
8		階数	部材名称	数量（m）	単価（円）	金額（円）		W 105×210	1 円/m
9		R	W 105×105	0.9m	1 円	1 円		W 105×240	1 円/m
10		R	W 105×120	20.0m	1 円	20 円		W 105×270	1 円/m
11		R	W 105×150	16.2m	1 円	16 円		W 105×300	1 円/m
12		R	W 105×180	9.2m	1 円	9 円		W 105×360	1 円/m
13		R	W 105×300	3.4m	1 円	3 円		W 105×45	1 円/m
14			R 合計（5）	49.7m		50 円		W 120×150	1 円/m
15		2F	W 105×105	13.1m	1 円	13 円		W 120×270	1 円/m
16		2F	W 105×120	25.8m	1 円	26 円		W 150×150	1 円/m
17		2F	W 105×150	62.7m	1 円	63 円		土台	1 円/m
18		2F	W 105×180	45.0m	1 円	45 円		片持ち小梁	1 円/m
19		2F	W 105×210	4.7m	1 円	5 円			
20		2F	W 105×240	17.0m	1 円	17 円			
21		2F	W 105×270	4.0m	1 円	4 円			
22		2F	W 105×300	32.3m	1 円	32 円			
23		2F	W 105×360	4.2m	1 円	4 円			
24		2F	W 120×150	5.2m	1 円	5 円			

図27-2　Excelに出力し、単価を入力することもできる

CHAPTER

3

確認申請編

手戻り
最小の
ノウハウ

28 集団規定／モデルでの検討から申請図書の作成

☐ BIMの法規オプション　☐ GLOOBE
☐ SketchUp

図面は自動作成

BIMモデルの作成が完了し、2次元の実施図面に着手する際には、完成したモデルは法適合したものになっています。集団規定についてはエスキース段階から**BIMの法規オプション**と**SketchUp**を往復しながら、実施設計時の**BIM**モデル作成時にはLVSや内装制限等の単体規定についての情報を入力し法適合させながらモデルを完成させます。

そのようにして作成したモデルを元に2次元図面へ移行すると、面積表だけでなく天空率、日影図、LVS（採光・換気・排煙）計算表等の図面が、ほぼ自動で作成することが可能です。私たちの利用する**BIM（GLOOBE）**の場合、法規オプションを購入することでこれらが可能になります。

なお、コマンドとしてはこのようなメニューがあります（図28-1）。

図28-1　BIMソフトのコマンド（GLOOBE）

法適合に向けた操作プロセス

　また**BIM**では、**SketchUp**のスタディモデルを**BIM**に取りこんだり、BIM上で任意のモデルを作成し、どの程度の建物が建てられるかというボリューム検討が可能です。

　例えば、敷地境界から500ミリの離隔を取った高さ10mのボリューム。4mの前面道路斜線に抵触するこのモデルの、天空率チェックと逆天空アシストによる法適合ボリュームの抽出までの操作を行ってみます（図28-2）。敷地の条件は設定済みです（図28-3、4）。

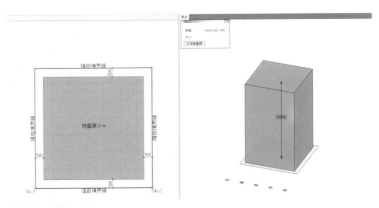

図 28-2　例題の図

図 28-3　設定した敷地の条件

第1種低層住居専用地域
5m: 4時間, 10m: 2時間30分
測定面 1.5 m
高度地区

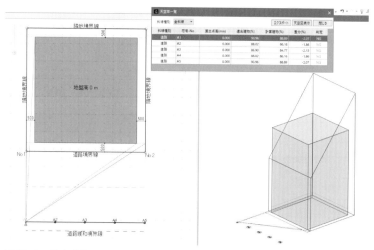

図28-4　適合建物の設定と天空率算出点の設定

斜線種別	符号-No	算出点高(mm)	適合建物(%)	計算建物(%)	差分(%)	判定
道路	A1	0.000	90.96	88.89	-2.07	NG
道路	A2	0.000	88.02	86.16	-1.86	NG
道路	A3	0.000	86.90	84.77	-2.13	NG
道路	A4	0.000	88.02	86.16	-1.86	NG
道路	A5	0.000	90.96	88.89	-2.07	NG

図28-5　判定がすべてNGとなった結果

　適合建物の設定と天空率算出点の設定を行い、天空率を判定します。結果はすべてNGとなりました（図28-5）。ここまでの操作で1分もかかりません。

　このボリュームを「逆天空アシスト」というコマンドを使用し、高さを変えずに平面の調整で、道路斜線適合ボリュームの抽出を行ってみます（図28-6）。A1〜A5まで、5箇所すべての算出点で調整角度計算を行います（図28-7）。

　すべてがOKとなった段階で抽出完了です。5分程度で適合建物のボ

リューム抽出が完了しました（図28-8）。このようにマウスによる感覚的な操作で、素早く最適解を抽出することができ、また立体による視覚的な表現のため、合理的な解決方法について、直感的に把握しながら作業することが可能です（図28-9、10）。

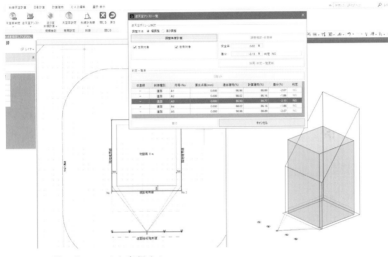

図28-6　逆天空アシストを実行する

図28-7　幅調整の調整角度計算を行う

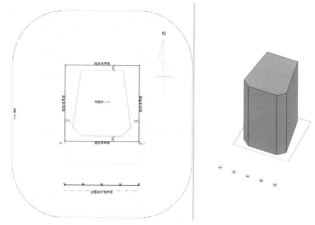

図 28-8　ボリュームの抽出

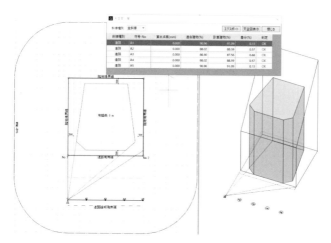

図 28-9　すべてのポイントがOKとなった段階でモデル抽出を実行

斜線種別	符号-No	算出点高(mm)	適合建物(%)	計算建物(%)	差分(%)	判定
道路	A1	0.000	90.96	91.09	0.13	OK
道路	A2	0.000	88.02	88.59	0.57	OK
道路	A3	0.000	86.90	87.56	0.66	OK
道路	A4	0.000	88.02	88.59	0.57	OK
道路	A5	0.000	90.96	91.09	0.13	OK

斜線種別　全斜線　✓　　　　エクスポート　天空図表示　閉じる

図 28-10　天空率の判定がOKとなる

適合ボリューム範囲の把握

　逆天空率での調整まで行わなくても、敷地の条件設定を行うことで、道路・隣地・北側斜線、日影、高度斜線等の「鳥かごメッシュ」によるデータが表示されます（図28-11、12）。このように、プランニングに着手する前に立体的な適合ボリュームの範囲を把握することができ、そこに**SketchUp**で作成したスタディモデルをインポートすることで、範囲内に納まっているかどうかを、その都度確認しながら基本プランをまとめることができます。

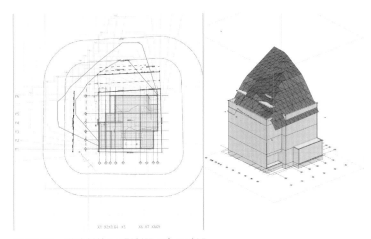

図28-11　道路斜線と日影制限の鳥かご3D

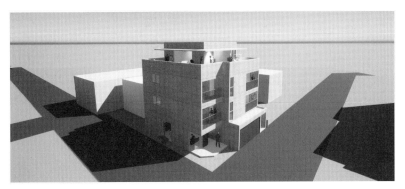

図28-12　図28-11の建物のパース

次に面積については、空間情報の入力時に、容積対象、容積不算入、床面積対象外など、面積についての情報を設定します（図28-13）。

その他この画面では、内装制限や有効採光居室の設定も行います。有効採光居室には住宅の居室から児童福祉施設や学校の教室等、必要面積係数1/5〜1/10や採光無窓の1/20まで設定することが可能です。

図28-13　面積についての情報設定

入力された情報は、図28-14のように容積算入は赤、容積不算入は青、床面積対象外は緑というように色付きの立体的モデルで識別され、延べ面積アイコンをクリックすると面積の情報が表示されます（図28-15）。

モデル作成時に電卓やExcelで面積計算を行うことなく、マウスの操作だけで面積の情報が把握でき、最終的にはこのような図面も数回のマウス操作で自動作成されます（図28-16）。

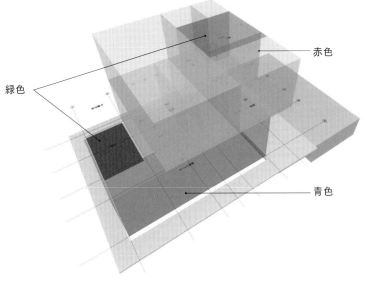

緑色

赤色

青色

図28-14　算入・不算入・対象外等の面積属性が色分け表示された立体モデル

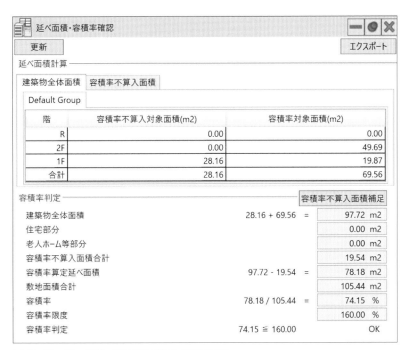

図28-15　延べ面積、容積率も瞬時に確認できる

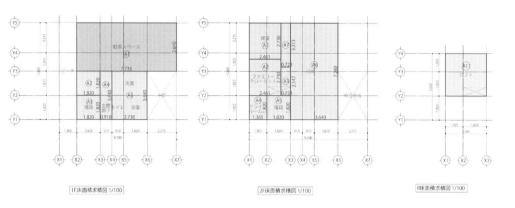

1F床面積計算表

塗りつぶし	符号	種別	容積率不算入対象区分	用途区分	計算式	面積(㎡)
	A1	容積率不算入対象	車庫部分	-----	7.735×3.640	28.16
	A2	容積率対象		-----	1.820×1.820	3.31
	A3	容積率対象		-----	1.820×1.820	3.31
	A4	容積率対象		-----	0.910×3.640	3.31
	A5	容積率対象		-----	2.730×3.640	9.94
容積率対象面積				合計		19.87
容積率不算入対象面積			車庫部分			28.16
			合計			28.16
床面積対象外面積			合計			0.00

2F床面積計算表

塗りつぶし	符号	種別	容積率不算入対象区分	用途区分	計算式	面積(㎡)
	A1	容積率対象		-----	2.461×2.730	6.72
	A2	容積率対象		-----	2.461×2.730	6.72
	A3	容積率対象		-----	0.724×2.147	1.55
	A4	容積率対象		-----	1.365×1.820	2.48
	A5	容積率対象		-----	1.820×1.820	3.31
	A6	容積率対象		-----	3.640×7.280	26.50
	A7	容積率対象		-----	0.724×3.313	2.40
容積率対象面積				合計		49.68
容積率不算入対象面積				合計		0.00
床面積対象外面積				合計		0.00

R床面積計算表

塗りつぶし	符号	種別	容積率不算入対象区分	用途区分	計算式	面積(㎡)
	A11	床面積対象外				10.14
容積率対象面積				合計		0.00
容積率不算入対象面積				合計		0.00
床面積対象外面積				合計		10.14

延べ面積計算表

階	容積率不算入対象面積(㎡)	容積率対象面積(㎡)
R	0.00	0.00
2F	0.00	49.68
1F	28.16	19.87
合計(㎡)	28.16	69.55
建築物全体面積(㎡)		97.71
住宅部分(㎡)		0.00
老人ホーム等部分(㎡)		0.00
容積率不算入面積合計(㎡)		19.54
容積率算定延べ面積(㎡)		78.17
敷地面積合計(㎡)		105.44
容積率		74.14%
容積率限度		160.00%
74.14% ≦ 160.00%		OK

図28-16　面積求積図や面積求積表も自動で作成される

29

傾斜地で役立つ
地盤面の検討

□BIM

面倒な平均地盤レベルの算出

　傾斜地でのプロジェクトの場合、平均地盤面の高さは重要です。特に高さ制限が厳しい地域での計画の場合、エスキースの段階から建物の最高高さと平均地盤レベルの関係を何度も確認する必要があります。

　クライアントの要望や敷地要件を踏まえつつ、窓からの眺望（傾斜地の場合、眺望が良いことが多い）などをイメージしながらエスキースし、スケッチやスタディモデルを作成するという創造的な作業を行う一方で、同時にExcelや計算機を用いて手入力で平均地盤面を算出するという実務的な作業が必要でした（図29-1）。

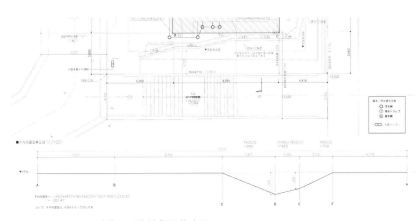

図29-1　2DCAD時代の平均地盤面算定図

この実務的な作業時間が長くなればなるほど、再び創造的な作業へ戻ろうとしてもスムーズに移行できず、せっかく乗りに乗っていたプランニング作業も終了し、そして休憩タイムへ。

▌BIMなら一瞬で算出

しかし、**BIM**の場合、この面倒な平均地盤面の計算も一瞬でできるので、エスキースの手をほとんど止めることなく突っ走ることができます。

以下は完成したモデルでの地盤面計算です。外壁通り芯に沿って算定ポイントを入力します（図29-2）。入力したポイントに高さを設定します。あとは地盤算定ボタンをクリックするだけです（図29-3）。

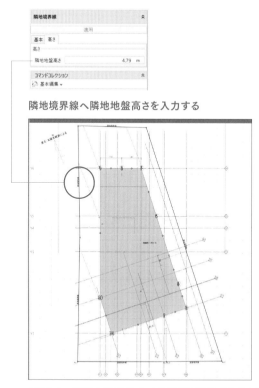

隣地境界線へ隣地地盤高さを入力する

図29-2　平面の算定ポイントを参照し基準点からの高さを入力

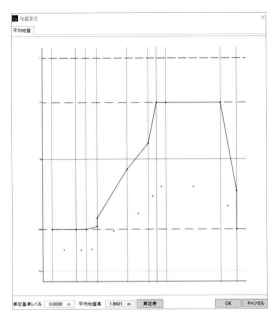

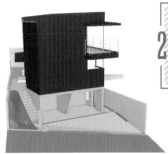

実際のBIMモデル

図29-3　地盤高さ算定表
算定ポイントに高さの入力が完了すると、ワンクリックで地盤展開図と
地盤高さ算定表が画面上に表示される

鳥かごで確認すると、このように斜線制限内に納まっていることが
ひと目で判断できます。また任意の箇所の斜線断面図もモデル上の操
作で確認することができます（図29-4）。

　隣地境界線設定時に隣地の高さを入力しておくことで、平均地盤面
との相対差が1m以上ある場合、地盤の高低差緩和も自動的に考慮し
てくれます（図29-5）。

　そして2次元CADでの作業に移行すると、これらの図書が自動で作
図されます（図29-6）。

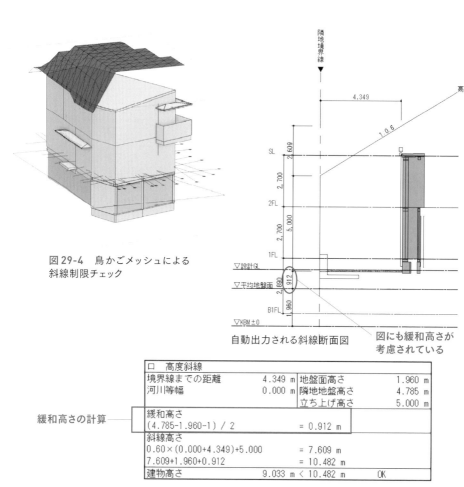

図29-4　鳥かごメッシュによる
斜線制限チェック

自動出力される斜線断面図

図にも緩和高さが
考慮されている

緩和高さの計算

□　高度斜線			
境界線までの距離	4.349 m	地盤面高さ	1.960 m
河川等幅	0.000 m	隣地地盤高さ	4.785 m
		立ち上げ高さ	5.000 m
緩和高さ (4.785-1.960-1) / 2			= 0.912 m
斜線高さ			
0.60×(0.000+4.349)+5.000			= 7.609 m
7.609+1.960+0.912			= 10.482 m
建物高さ	9.033 m	< 10.482 m	OK

図29-5　自動出力される斜線計算表

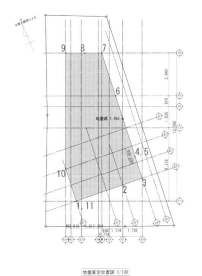

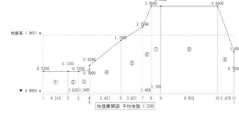

地盤算定位置図 1/100

地盤展開図 平均地盤 1/200

No.	増減	計算式 (m)	面積 (㎡)
1	+	0.7300×4.319	3.153
2	+	0.7300×1.820	1.329
3	+	(0.7300+0.7800)×1.949÷2	1.471
4	+	(0.9290+1.7800)×5.437÷2	7.364
5	+	(1.7800+2.2390)×3.837÷2	7.710
6	+	(2.2390+2.9500)×1.486÷2	3.855
7	+	2.9500×1.700	5.015
8	+	2.9500×9.858	29.081
9	+	(2.9500+1.4000)×2.878÷2	6.260
面積合計 (㎡)			65.238
距離合計 (m)			33.284
増減高さ (m)		= 面積合計 (㎡)÷距離合計 (m) = 65.238÷33.284 = 1.960	
平均地盤高 (m)		= 基準レベル (m)＋増減高さ (m) = 0.0000＋1.960 = 1.960	

図29-6　2次元図面による平均地盤面算定図

図29-7　実際に竣工した、高低差のある敷地に建つ住宅

Photo:Yunagi Miki

単体規定／モデルでの検討から申請図書の作成

□BIM

マウス数回のクリックで

　単体規定（内装制限やLVS、防火区画等）については、実施設計時に情報の入力を行いながらモデルを作成します。特にLVS（採光・換気・排煙）については、採光補正係数の計算も含めて、感覚的なマウスの数回の操作でチェックすることができ、設計時には電卓やExcelでの作業も必要ありません。

　BIMモデル作成の初期の段階で、敷地情報の入力と空間情報の入力を行います。敷地情報については敷地形状のほかに用途地域の設定を行います。空間情報においては、外部・内部・内部非居室といった空間の形態や、内装制限、有効採光対象居室の種類、容積率算入・不算入を設定します。これらを設定することで敷地情報においては図のように採光補正係数の算出に必要な係数が変わり、空間情報では居室の種類を選択すると**図30-1**のように必要採光面積の割合が種類に応じて割り当てられます。

用途地域名称	算定係数 (D/H×α-β)		許容水平距離(m)
	α	β	
指定なし	10.00	1.00	4.00
第1種低層住居専用地域	6.00	1.40	7.00
第2種低層住居専用地域	6.00	1.40	7.00
第1種中高層住居専用地域	6.00	1.40	7.00
第2種中高層住居専用地域	6.00	1.40	7.00
第1種住居地域	6.00	1.40	7.00
第2種住居地域	6.00	1.40	7.00
準住居地域	6.00	1.40	7.00
田園住居地域	6.00	1.40	7.00
近隣商業地域	10.00	1.00	4.00
商業地域	10.00	1.00	4.00
準工業地域	8.00	1.00	5.00
工業地域	8.00	1.00	5.00
工業専用地域	8.00	1.00	5.00

居室の種類	必要面積係数 (1/a)
	a
住宅の居室	7
幼稚園・小中高校の教室	5
その他の学校の教室	10
保育園の保育室	5
病院・診療所（病室類）	7
病院・診療所（娯楽類）	10
寄宿舎・下宿（寝室類）	7
児童福祉施設（寝室類）	7
児童福祉施設（保育類）	7
児童福祉施設（娯楽類）	10
その他	20

図30-1　用途地域別、居室の種類別の算定係数一覧

採光・換気・排煙検討のプロセス

　ここでは、敷地条件・空間情報（スペース）・屋根という最低限の情報入力を行い、LVSのチェックを行ってみます。

　空間情報の入力に必要な情報は、居室の大きさと種類、排煙検討のために必要な天井の高さ。敷地の情報としては、用途地域と隣地や道路の境界線種別、遮蔽物の屋根や庇を入力します（図30-2）。これらの情報は採光補正係数の算出のために必要となります。

　次に建具を入力します（図30-3、4）。

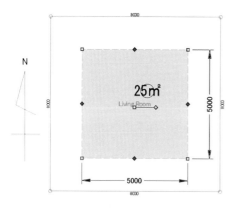

図30-2　5m四方の空間情報を入力する

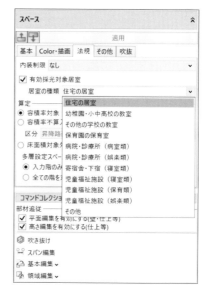

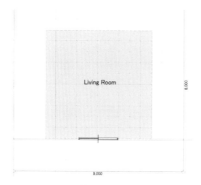

図30-3　空間情報に2枚引き違い窓を設置

図30-4　建具の種類、大きさ、取付位置は後で変更も可能

BIM導入前は居室面積に対して住宅なら7分の1の有効採光面積と20分の1の有効換気面積の検討を行い、法適合した建具を記入していましたが、**BIM**導入後は、とりあえず任意の建具を設置した後に、マウス数回のクリックでLVSの検討を行い、最適解を模索するようになりました（図30-5）。手計算で検討を行うことはありません。

採光補正係数の計算から、居室の床面積に対する割合まで自動検討されるため、空間に対する開口部のプロポーションにのみ意識を集中することができるようになりました。

また、排煙の検討においても、天井からの排煙有効レベルを認識して自動で検討されますし、天井高さが3mを超えた際には、床面から2.1m以上かつ天井高さの2分の1以上の選択も**BIM**側で行われ、排煙検討が自動で行われます。

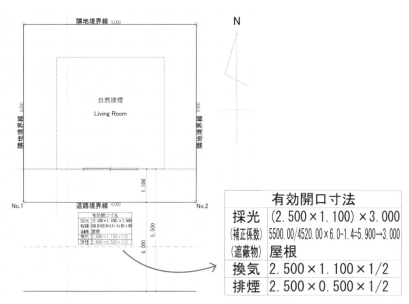

有効開口寸法	
採光	(2.500×1.100)×3.000
(補正係数)	5500.00/4520.00×6.0-1.4=5.900→3.000
(遮蔽物)	屋根
換気	2.500×1.100×1/2
排煙	2.500×0.500×1/2

図30-5　BIMで自動計算された有効開口寸法

ここまでの操作で10分もかかっていませんが、このモデルから図30-6のような図面と建具表が自動で作成できます。建具が多い物件や排煙区画や、防火区画が発生する建築物の場合、その検討や図面の作成もかなりの量になります。ワクワクする計画のプロセスとは異なり、モチベーションを保ちにくい（？）これらの作業ですが、こちらも求積図から面積表まですべて自動作図です。これだけでも価値ありです。実施設計全般を**BIM**に一気に移行することに迷いがある場合は、申請用の図面作成（図30-7）からスタートするのがオススメです。きっと今までの作業量との違いに驚かれ、その後の実施設計の**BIM**への移行にも躊躇なく進めるはずです。

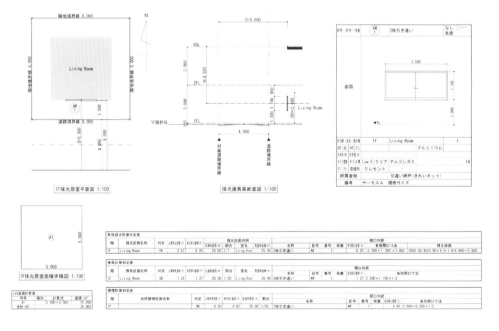

図30-6　BIMで自動作成された図面とLVS判定表

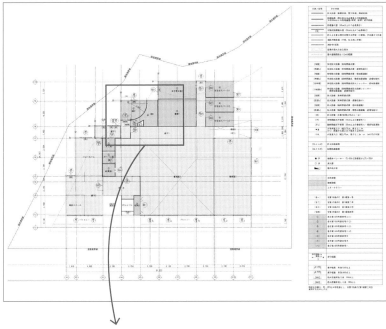

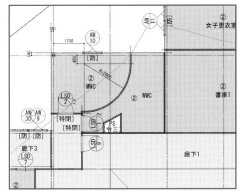

図30-7　防火防煙区画平面図

凡例／記号	示す内容
▬▬▬	防火区画（面積区画、堅穴区画、用途区画）
▬▬▬	防煙区画（開口部分は必要高さの防煙垂れ壁、又は50cm以上の防煙垂壁・常閉（自閉）式不燃壁）
▬▬▬	防煙垂れ壁（50cm以上の必要高さ）
▬▬▬ ［可］	可動式防煙垂れ壁（50cm以上かつ必要高さ）
▬▬▬	防火上主要な間仕切壁又は界壁（小屋裏、天井裏まで到達）
▬▬▬	消防不燃区画（下地、仕上共に不燃）
▬▬▬	消防令8区画
▬▬▬ 2m・5m	延焼の恐れのある部分
▬▬▬	屋外避難階段より2mの範囲
［特閉］	特定防火設備（常時閉鎖式扉）
（令一）	令第126条の2　第1項第一号
（令二）	令第126条の2　第1項第二号
（令三）	令第126条の2　第1項第三号
（令四）	令第126条の2　第1項第四号
①	告示第1436号第四号二(1)
②	告示第1436号第四号二(2)
③	告示第1436号第四号二(3)
④	告示第1436号第四号二(4)
（ロ）	告示第1436号第四号ロ
（ホ）	告示第1436号第四号ホ
（ハ）	告示第1436号第四号ハ
歩行避難 ▼m 重複 ▼m ▼	歩行経路
≧1200	廊下幅員　有効1200以上
≧1600	廊下幅員　有効1600以上
〔500〕	防火区画突出寸法　500以上
〔900〕	防火区画折返し寸法　900以上

特記なき限り、PS・EPSは水平区画とし、令第126条の2第1項第三号を適用するものとする。

31 行政窓口への デジタルな対処のしかた

☐ netprint
☐ Dropbox ☐ Slack ☐ LINE
☐ GoodNotes

まだまだ紙ベースな行政窓口

　世界的パンデミックを期に、至るところでDX（デジタルトランスフォーメーション）が推進されるようになりました。建築分野でも、コロナ前から民間審査機関においては電子申請への切り替えが進んでいましたが、その後さらに進行し、極端な例では、相談はオンライン、提出は電子、受け取りも電子と一度も訪問することなく確認済証を受領することも可能となりました。

　しかし行政ではまだそこまでDXが浸透していないのが現状で、原則ほとんどすべての手続きは対面です（2023年4月現在）。コロナ禍の行動制限が発せられている最中でもメールや郵送ではなく、「対面」での提出を求められたこともありました。

　書類提出前に資料をメール送信しておけば事前にチェックくださる、という気の利いた対応をしていただける行政担当者に出会えることは非常に稀。窓口で書類や図面の不備を指摘された時には「門前払い」が原則です。とはいえ、そのまま引き下がって事務所に戻り、後日再提出するなど、悠長なこともやってられませんので、その場で手書きで修正した書類や図面を副本のために、有料コピー機のある「行政資料

コーナー」まで走り、滑り込みで提出することが一般的でした。しかし、さすがに一から作成しなければいけない図面の不足となると諦めて退散するしかなかったのです。

コンビニを「プリンタ」として利用

そこへ10年前、セブン - イレブンが提供する**netprint**（図31-1）が登場し、仕事の進め方にイノベーションが起きました。

図31-1　netprintのアイコン（iPhone）

日頃から、事務所内のファイルは、**Dropbox**を用いることで、どこからでもアクセスできるようになっていました。ノート**PC**が出先で使える場合は事務所のファイルにアクセスし、その場で図面の作成が可能です。PCがない場合は事務所にいるスタッフが必要図面を作成し、現場スタッフへ**Slack**や**LINE**でパスします。

行政のWEBサイトからダウンロード可能な申請書類などはPDFをダウンロードし、**GoodNotes**で現地にて作成。それらの資料を、先の**netprint**のサーバへアップロードし、最寄りのセブン - イレブンの複合機でプリントアウトします。この**netprint**を利用するようになってからは、行政への申請は何があってもその日に完遂させるというスタイルが所内に根付きました。

ファクスも廃止

書類提出後、「修正事項があるのでその内容をファクスで送信したい」と連絡が来ることがあります。

ちなみに、ファクスで送られてくる内容は、行政または審査機関か

図31-2　迷惑ファクスの一例

らの連絡の他は、訃報と広告のみ。その割合は、ひと月に送られてくるファクスを100とすれば、1：1：98と、ほぼ広告です。広告ファクスについては「なぜこんなにウチのファクス番号を知っている企業がいるのか」と舌を巻くほどの人気ぶりで、平均一日5通。広告ファクスの届かない日は皆無といった状況でした（図31-2）。

　そもそもファクスはPCファクスを使っていましたので、紙とインクを浪費するという被害は免れていました。受信内容を画面で確認し、必要なければPDFファイルを削除すればよかったのですが、肝心の行政や審査機関からのファクスは、藁の中から針を探すほどの苦労を強いられていました。

　ちょうどコロナ禍で「今どきファクス」という風潮が広まった際にファクスを廃止しました。

　それから1年が経過しましたが、多少は審査機関や行政から「ファクスを送信しても送れない」と連絡がありますが、こちらも「ファクス置いてないんです」と言えば、100％メールにて対応していただけています。

CHAPTER **4**

現場監理編

徹底的に
ペーパーレス！

Digital Tool Box

見積りチェックは iPadで

☐iPad ☐GoodNotes ☐PDF
☐SplitView

いつでもどこでもチェック可能

　工務店さんからの見積書は、通常は、紙の見積書＋付箋＋赤ペン＋電卓でチェックしながら、Excelに減額案や変更案を入力していました。相見積りで複数社から見積書をいただく場合は、さらに紙資料が増え、外出先での見積りチェックはなかなか困難でした。

　現在、**iPad＋GoodNotes**が大活躍です。現在でも紙の見積書をいただくことは多いのですが、同時に**PDF**でもいただくようにして、**GoodNotes**に取り込み、そこでチェックを行うようにしています。

　iPadがあれば、紙、付箋、赤ペン、PCの4点セットは不要で、これ一つでいつでもどこでも見積りチェックができます。

　SplitViewを使うとより便利で、左にメモ、右に見積書を表示し、見積りチェックをしながら、メモに変更案や修正内容を書き留めたりできます（図32-1）。左に見積書、右にブラウザを表示し、スクショ画像を見積書に貼り付けて変更内容を指示したり、今まで事務所でデュアルモニターを駆使していた作業が、出先でも、移動中でも簡単にできるようになりました（図32-2、3）。

図 32-1　見積りチェックに SplitView は大活躍

図 32-2　バスの中でも見積りチェック

図 32-3　トランジットの待ち時間に見積りチェック

33

現場着工後は
監理モデルにて情報共有

☐Kubity　☐iPad　☐QRコード
☐GoodNotes　☐Evernote
☐AirDrop　☐LINE

大工さんにも共有すべきだった

　現場が着工すると、施工者、クライアントとは、**Kubity**によるモデルの共有を行いますが、変更内容やその履歴を残すために、「現場用の製本図面」を施工会社さんに作成していただきます。また特に住宅の場合、現場の大工さんは製本された紙の図面を持って作業していただいているのが今でも主流です。しかし、**BIM**導入前と後では、図面の内容が大幅に変わりました。

　ある日、造作工事がかなり進捗した現場で、分厚い製本図面のページをめくりながら空間把握に努めている現場監督さんや大工さんに、**iPad**で**Kubity**のモデルを提示して説明を始めると、「このモデルは上棟前に見せてほしかったなあ」と残念そうに漏らされることがありました。このような経験から、図面にはカラーのパースを要所要所に貼り付け、表紙には**Kubity**モデルのリンクを表示するようにし、図面だけでなく、いつでも誰でも手軽に3次元モデルを確認していただけるようにしました。

　製本図面の表紙にある**QRコード**で、**Kubity**のモデルを最初に確認し、全体像を瞬時に把握することができます。展開図では室内のカ

ラーパースを貼り付けているため、2次元の図面を行き来する必要もなく、そのページの中ですぐに空間把握が可能です。このようなことは、**iPhone**や**iPad**で、ユーザー登録やログインをする必要もなく、たった3つの単純な操作で誰でもすぐに使えるようになる**Kubity**だからこそ実現しました。人手不足が顕著な建設業において、年齢に関わらず現場監督さんや現場の大工さんまで、図面把握の効率化に大いに役立っているはずです。

　余談ですがある時、最近は図面がカラーになりがちでA3判サイズの製本図面が今まで3千円だったところ、1万円もするようになったと嘆く現場監督さんがいました。私はこの原価7千円の差は、数十倍ものメリットを生み出していると思うのですが、明らかに出ていくお金と、目に見えないメリットは比較のしようがない……。なんとも不甲斐ない思いをした瞬間でした。

▋監理図面と最終モデルの運用

　さて本題の、現場での**Kubity**のモデルを用いた運用についてです。

　まず事務所内では、着工図面を担当者全員で**GoodNotes**で共有し「監理図面」という呼称で運用しています。現場での監理は、この監理図面と、**Kubity**にアップロードした**BIM**の最終モデルを用います。

　工事中の変更項目は、監督さんの管理する製本図書に手書きで変更内容と履歴を記載してもらいますが、それと並行して**GoodNotes**の監理図面にも修正内容を記載し、**Kubity**のスナップで切り取った画像に手書きで補足情報を追記します（図33-1）。それらの資料をその場で**AirDrop**や**LINE**グループで即座に共有しています。

仕上げの決定品番など重要度の高いものは、**Evernote** の共有ノートにアップし、クライアントとの共有情報としても管理するようにしています。

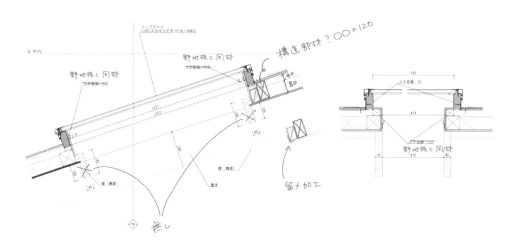

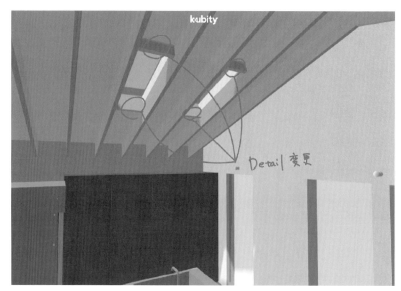

図33-1　GoodNotes の監理図面に修正内容を記述し、Kubity のスナップにも補足情報を入れる

Digital Tool Box

34

いろんな情報を一元化するクラウドベースの議事録

□Evernote
□iPhone □iPad
□PDF

打合せを即座に記録する

クラウドベースの議事録をクライアント、施工会社、設計事務所で共有すれば、現場定例の際などの決定事項および保留事項など、いつでもどこでも確認することができて非常に便利です。写真やパースも交えてビジュアル的にわかりやすくすることを意識して、記録しています。現在私たちが利用しているのは**Evernote**です。

Evernoteは、文章や写真、ウェブページ、動画など、あらゆるデジタルデータをクラウドに保存できるクラウドサービスです。有料版を導入したのが2011年の4月。実に10年以上も使い続けている、無くてはならない神アプリ／サービスです。とにかく何でも**Evernote**に書き留めますし、今回の書籍執筆にあたっても最初から最後まで**Evernote**。同期できるデバイスは有料の場合は無制限ですので、**iPhone**、**iPad**、PC、ノートパソコン……とすべての端末で閲覧ができます。

議事録の取り方は、定例日時ごとにつくるのもよいのですが、何度か変更があった項目など、最新の情報を把握するには、日時を遡って議事録を確認していては手間と時間がかかります。

図34-2は施工者とのEvernoteの共有議事録です。項目ごとに分け

ることで最新の決定および変更内容が把握しやすくなります。アクセスできるユーザー毎に「編集・招待が可能」「編集が可能」「閲覧が可能」と権限を設定できます（図34-1）。ただし、一方的に更新した際は連絡を入れるなど、ある程度のルール作りは設けたほうがよいでしょう。

　またEvernoteのプランは、フリー／パーソナル／プロフェッショナル／チームスの4段階あり、2番目のパーソナル以上のプランが有料です。このプランでは、インポートしたPDFファイルに書き込みが可能なため、実施図を共有して現場での変更内容を書き入れて共有することができます。監督さんの持つ製本図面と設計者の製本図面で記載内容が異なるようなことも防げます。図34-2では、マーキングは決定事項、マーキングなしは保留事項としています。

図34-1　Evernoteの管理画面

お互いに書き込む場合は
ここにチェック

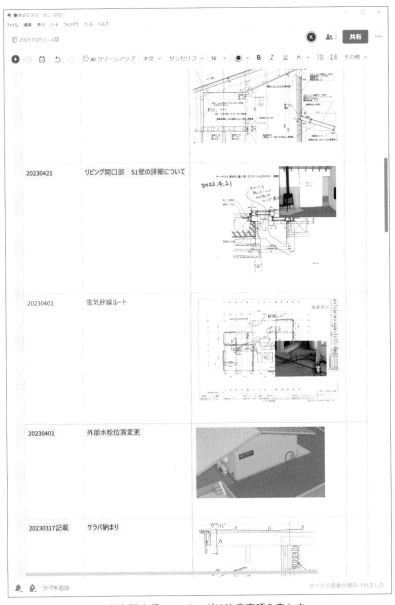

図34-2　Evernoteの共有議事録。マーキングは決定事項を表わす

情報共有は
ビジネスチャットツールで

☐メール　☐LINE　☐Slack　☐キャプチャー画像　☐PDF
☐iPad　☐GoodNotes
☐Dropbox

▌思いついたら即共有

　クライアントや現場とのコミュニケーションツールには、**メール**の
ほか、**LINE** や **Slack** を、事務所内では主に **Slack** を使用しています。

　事務所内での使い方は、各担当者への指示伝達が主で、各個人宛や
複数メンバーに共有したチャンネルを作成することで、個人宛の伝達
事項や、プロジェクトごとのチームに対する情報共有ができます。

　特に、送信日時指定ができることが便利で多用しています。休日でも
深夜でも、思いついたその場で **Slack** に書き留め、「翌月曜日 AM10:00
予約送信」とすることで伝え忘れを防ぎ、スタッフの余暇を邪魔する
こともありません。

　事務所内だけでなく、共同で行う設計チーム間など、やり取りする
メンバーがある程度固定されているグループ内ではメールは使いませ
ん（図35-1）。

▌PCとデバイスのデータのやりとり

　それ以外にも便利な使い方が、デバイス間の資料共有です。パソコ
ンの**キャプチャー画像**や**PDF** のファイルを **Slack** の自分宛に送信し、

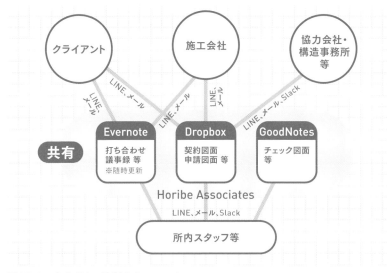

図35-1　内外部との資料共有イメージ

iPadで受け取ります。

　パソコン画面の**キャプチャー**のやり方（Windows 10以降の場合）で便利なのは、ウィンドウズキー＋シフトキー＋Sで、画面の範囲指定した部分がクリップボードに保存できるところです。そのまま**Slack**に、コントロールキー＋Vで貼付け、自分宛てに送信ができます。キーボード2回、マウスクリック2回の操作だけで**iPad**に取り込むことができます（**図35-2**）。

　iPadでは**GoodNotes**でファイルを開き、手書きや画像貼付けで資料を作成（**図35-3**）。それらの資料を**Dropbox**に保存したり、**Slack**でスタッフや現場と共有しています。**Slack**は、チームとの情報共有5割、デバイス間の資料共有（自分宛ての送信）5割といった感じで使っています。もちろん**LINE**でも「自分のみの」グループをつくることで、同様のことができます。

図35-2　PCの画面でクリップボードに取り込んだ画像データをSlackに送信

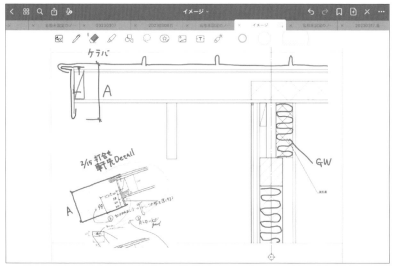

図35-3　BIM画面のキャプチャー画像に、GoodNotesで赤字で追記。ディテールの検討時に多用している

36

現場・会議で受け取る
「紙」はその場でスキャン

□iPad □Abobe Scan □GoodNotes
□メール □AirDrop

▍以前はファイルに綴じていた

現場での定例会議等、打合せ議題や図面資料が紙媒体で配布されることが多いと思います。**iPad**導入前は、受け取った紙の資料に手書きで追記し、プロジェクトごとにA4判のパイプ式ファイルに綴じていました。

基本設計から始まりプロジェクトが竣工する頃には背幅8cm程度のこのファイルが3〜5冊になり、当時この資料すべてを5年間保管し、建築士法で定められている必要最小限の資料は15年保管して運用していました。

毎年年末に、5年経過したプロジェクトの資料を書類棚の奥から引っ張り出し、シュレッダーにかけて処分するのですが、その手間は相当なものです。せっかく奥から引っ張り出しても、「このプロジェクトはもう少し置いておこうか」とまた戻したり、選別にも苦労していました。

iPadを導入してからは、配布された資料をその場で**Abobe Scan**で撮影し、**GoodNotes**に取り込んだうえで、メモの書き込みを行うようにしました。そのように、所内でペーパーレス化を意識して以降、紙で保管される書類は、契約書と申請書類程度となりました。

フォルダ名・ファイル名管理のヒント

　また、事務所スタッフ数人で打合せに参加する場合は、**GoodNotes**の共有機能で資料を共有するのもオススメです。話しながらメモを取るのは大変ですが、1人が話している時に別の1人が同じところに続けて書き込むことができ、メモを取りそこねることがなくなりました。

　その資料は打合せが終了すると、クラウド上のプロジェクトフォルダに保存します（図36-1、2）。参加者全員にその場で**メール**や**AirDrop**でまとめ資料を共有したり、重要な内容を切り取った画像を**Evernote**の現場共有ノートに掲載しています。

図36-1　フォルダ名は、01〜数字で管理することで事象の時系列で配列（工種別に分けず、なるべく階層が深くならないように留意）

名前 ∧	更新日時
20190116＋■邸配合計画チェック.pdf	2019/01/16 10:57
20190116＋■邸配合計画書チェック.pdf	2019/01/16 12:24
20190125コンクリート配合計画書.pdf	2019/01/25 17:03

図36-2　ファイル名は、先頭に受領または作成した日付を西暦を略さず入力

　ペーパーレスで業務を進めるためには、すべてのものをデジタルデータにする必要があります。そして、クラウドを賢く使うことが必須になります。

クラウドおよび情報共有ツールの利用まとめ

　ここで、私たちの資料活用・整理の各ツールの使い方をまとめます（図36-3、4）。

図36-3　GoodNotesのフォルダ分けもDropboxと同じにするとわかりやすい

Evernote	▶（議事録など）新しく文章を書くときはここ ▶打合せメモ、写真メモ、音声メモの仮置き場所（清書したものはDropboxへ） ▶外部との共有ノートとして利用 ▶ともかく、動いているプロジェクトの行先はここ
GoodNotes	▶書類や写真を取り込んでチェック、加筆するところ
Slack	▶スクリーンショットを撮って、別デバイスで共有するとき ▶（メッセージ、図面、資料を）スタッフに送る、スタッフから受け取るとき ▶クライアント、協業設計者、施工会社などとやり取りするとき（LINEの場合もあり）
Dropbox	▶Evernote、GoodNotesで作業したもののアーカイブ先 ▶いろいろものごとが一段落したら、ここに整理する ▶フォルダ名に、契約日（数字8桁）＋プロジェクト名で整理 ▶終了プロジェクトの保管庫の役割も兼ねる

図36-4

37

Digital Tool Box

現場検査の帳票も現場でペーパーレスに

☐ **Dropbox** ☐ **PDF**
☐ **ドローン**
☐ **iPad**

現場検査もデジタルツールで

　建築現場の設計監理、あるいは施工側の現場管理では、配筋検査に始まり、アンカーボルト検査、建方検査、耐力壁検査、断熱検査、その他仕上げ検査、設計検査、施主検査等々、竣工後のお引渡しまで数多くの検査があります。

　iPad導入前は、例えば配筋検査では、現場監督さんがA3判のバインダーとペンとカメラを持って設計者の後について指摘事項を記入し、該当箇所の撮影を行います。検査後、正式な検査帳票は早くても当日夕方や翌日に共有されることがほとんどでした。

　導入後は、すぐに視覚的な資料が作成され、検査終了後もその場で帳票を共有することが可能となりました。帰社後の書類整理も必要なく、クラウドの**Dropbox**に**PDF**を出力し、保存するだけです。紙の図面に記入した資料を持って事務所に帰り、スキャンしてPCに保存し、関係者にメールする、という一連の作業を丸ごと省けるようになりました。

　現場監理の際は、なるべく**ドローン**での撮影を行うようにしています（03：17ページ〜）。**図37-1**は、その写真をもとに、埋戻し部分の地耐力の調査を求められた際に構造設計者に位置確認を行った際の資料

です。図面に記載するよりも現場の状況がよく伝わり正確な意思疎通が図れます。

　また、図37-2は、配筋検査やアンカーボルト検査を実施した時の資料です。

現場でのデバイスの温度に注意

　現場監理での**iPad**利用における注意点として夏の炎天下での利用があります。

　過去に配筋検査中**iPad**の画面に「高温注意」と表示され操作不能に陥り、**iPad**が冷えるまで配筋検査を中断させるということが一度の検査で3度も起こりました（図37-3）。

　このようなことが起こらないように猛暑日は**iPad**の日射対策が必要です。また、高温注意と表示された際に**iPad**の急冷却は厳禁です。急冷却すると**iPad**内で結露が発生し新たな故障の原因となってしまいます。

図37-1　現場監理もドローンが活躍

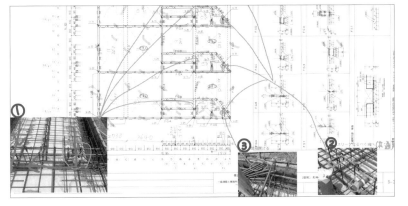

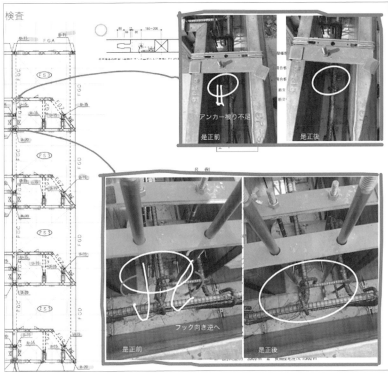

図37-2　アンカーボルト検査時も、その場でGoodNotesに書き込み、写真も貼り付けた書類を作成

図37-3　あまりにも高温になりすぎると出るアラート

38

検査要領事前配布で
指摘は激減

☐ iPhone
☐ サーモグラフィーカメラ　☐ FLIR ONE Pro

施工品質のばらつきをチェックする

　木造住宅の場合、無事上棟し建方検査が完了すると、次に重要な品質監理項目は断熱施工だと考えています。構造や建物種別に関わらず、仕上げ工事が完了してからではやり直しのきかない断熱材の施工については、事前に施工計画書による予防監理を行うほか、断熱検査のポイントについて記載した「断熱検査要領」をあらかじめ施工者に配布し、注意喚起を行っています。

　特にグラスウールによる断熱施工は、専門業者が施工を行う吹付け断熱と異なり、施工する職方の知識と経験によって品質のばらつきが非常に多い工種であるため、配布する資料には断熱施工の「良い例」と「悪い例」を写真で示すことで、良否をひと目で判断できるようにしています。

　この「断熱検査要領」では施工後に「サーモグラフィーでの検査」を行うことも事前通知しています。この検査要領を事前に配布することによって、断熱施工の品質が大幅に向上し、赤外線検査をするまでもなく指摘が激減しました。

断熱施工チェックの秘密兵器

　サーモグラフィーによる検査では、**iPhone**に取り付けて使用する**サーモグラフィーカメラ**が活躍します。使用するデバイスは「**FLIR ONE Pro（フリアー・ワン・プロ）**」です。iOSとAndroid用があり、Amazon等で4〜5万円で購入できます（図38-1）。

図38-1
FLIR ONE Pro

　断熱検査のタイミングは、断熱材の施工が完了した直後、ボード施工前に行いますが、仕上げが完了した状況でも、このように不良箇所が一目瞭然です。色の濃い箇所は熱が伝わってきている箇所を示します。この状況で測ったところ43.2℃となっていました（図38-2）。

　吹付け断熱にしてもグラスウール断熱にしても、監理者による100％の検査実施は現実的ではありません。また、現場検査後、仕上げ工事が完了するまでに設備や電気といった他業種が関与することによって断熱不良が発生する可能性もあります。施工計画書や要領書等のマニュアルでの予防監理も大切ですが、次の施工へ進む直前に**iPhone**をかざすだけで不良箇所を発見することができるこのツールは、私たち設計監理者だけでなく、現場管理者にこそ必須のアイテムだと思います。

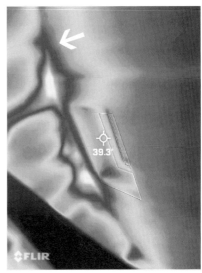

図38-2　FLIR ONE Proで撮影したサーモグラフィー写真。写真中、矢印のところが濃く出ており、基準ポイント（39.3℃）より、温度が高いことがわかる。断熱工事の不十分さが疑われる箇所である。

39 デジタルツールを
つかいこなすための
FAQ

Q1 BIM操作の習得はどれくらい
練習時間が必要でしょうか？

BIM操作の習得はとにかく使ってみることです。究極の習得方法は、「今動いているプロジェクトの図面」を、どれだけ時間がかかろうとも2次元CADからBIMに移行すると決めて実行すること、です。「（慣れた）2次元CADで描いたら早いのに」と思うことがあっても決して戻ってはいけません。完成して初めて、BIMの良さが体感できるのです。

もちろん「いきなり移行は無理」ということもあるでしょう。その場合は、とにかく毎日1時間使ってみましょう。BIMソフトに付属している練習モデルを描き終えたら、2次元化に挑戦。そこでまずBIMだからできることを体感できると思いますので、その次は今進めているプロジェクト（最初は小規模のものがオススメ）の簡単なモデルと2次元の一般図の作成。データ化がちゃんとできていない過去物件のモデルを作成するのもよいでしょう。

一昔前と違って、小規模のアトリエ事務所では人材の確保も難しくなってきているこの時代、「所長あるある」などといって、BIM操作をすべてスタッフ任せにしていては5年後10年後の「BIMが当たり前になった世の中」から取り残されてしまいます。知識も経験もある所長

自らが新しいツールを使いこなし、なんなら若いスタッフに教えてあげるほうが格好いいのではないでしょうか。

Q2 ツール導入の費用対効果はどうでしょうか？

　様々なツールを導入することで、費用対効果は明らかに上がったと思います。一概には言えませんが、例えばBIMを導入することで、（2次元CADの時代に比べ）1.5倍程度の生産性向上はあるでしょう。

　BIMモデルを作ることは、2次元の図面を一枚一枚仕上げていくのとは全く概念が違いますので、実施図面の完成をゴールだとしてしまうと、今自分がどの位置にいるのかわかりにくく、時間ばかり費やしているような不安にかられる時があります。

　しかし建築設計には修正、変更がつきものです。そして手間のかかる計算の多い確認申請作業もセットであることが多いです。その大きな手間がかかる時間を、はるかに時間短縮ができるのがBIMの強みです。

　BIMソフトは決して安くはありませんが、国のIT導入補助金などを利用すればかなりお得に導入することができます。未経験のスタッフを新しく雇って設計の実務や確認申請作業について手とり足とり教え、成長していく姿を見るのも悪くありませんが、今まで経験の少ないスタッフにパスしていた仕事をBIMを使って簡単に終えることができれば、純粋な設計作業に没頭できる、より多くの時間を確保することが可能になります。

　費用対効果が明らかなものの代表はiPadと、GoodNotesです。これらにより書類をペーパーレス化でき、以前は頻繁に補填していたプ

リンターのインクとコピー用紙を年に数回しか補填しなくなりました。スタッフとのチェック図の共有も容易にでき、時間や手間の短縮も生産性向上につながっていると思います。

Q3 GLOOBE以外の、Revit、Archicadでも、本書と同じ効率化は得られますか？

　私たちは、国産CADであるGLOOBE（福井コンピュータ）を利用していますが、もちろん、「Revit」や「Archicad」でもほぼ同じことができます。

　ただ、私たちが見る限り、それらのソフトを導入しても使いこなしていない、もったいないと感じる場面があります。BIM採用のメリットは多々ありますが、やはり「法規プラグイン」を導入するか否かで享受できるメリットに雲泥の差が出てくると思います。

　小規模の建築でも新築で建てる場合、確認申請を避けて通れるのはごくわずかです。申請書類の作成が苦にならない方は別ですが、私たちが知る限りではそのような方はあまりいないはず。できればBIM導入時に合わせて法規プラグインも導入し、私たちが感激したわずらわしい確認申請書類作成からの解放を一緒に分かち合いたいです。

おわりに

　この本では現在私たちの事務所で使っているオススメのデジタルツールを紹介させていただきました。

　しかしここに至るまでには様々な紆余曲折があり、常に進化しているデジタルツールの中から何か一つを選ぶのは至難の業でした。

　スタッフがいる時にはツール選びの際に皆で相談できますが、スタッフの入れ替わりの激しい小規模事務所や独立したての設計者等の場合、相談する相手がいないことも稀ではありません。幸い私たちの事務所は共同主宰なので常に最低でも二人で相談でき、ツールを取捨選別してくることができました。全部まとめては難しいと思いますが、ぜひ一つでも建築設計の便利ツールとして取り入れてもらえると幸いです。

　ツールは機能が多いほど使う人によってクセが出ます。小規模事務所こそトップがツールを使いこなし、事務所内のルールを作って継承していくのがオススメです。図面作成のツールが手描きから2次元CADへ移ったように、この先数年で主流はBIMへと移るでしょう。乗り遅れてしまってから追いかけるのは大変です。人材が集まらない、定着しない今の時代だからこそ、常に最新の情報にアンテナを張り、他より一歩先にデジタルツールを使いこなして自らが何役もこなせる人材になってはいかがでしょうか。トップのその姿勢に周りも感化され、事務所全体のデジタルスキル、そして建築設計スキルも格段に上がるはずです。

　ぜひ沢山の方に本書を活用していただき、共にスキルアップできるよう、意見交換などさせていただけると嬉しいです。

　最後になりますが、今回この本を出版することを提案してくださり、何度も手が止まる私たちを常に励まし、気持ちを盛り上げてくださった学芸出版社の知念靖廣さんに心から感謝いたします。

堀部圭一（ほりべ・けいいち）

1972年大阪府生まれ。一級建築士。一級建築施工管理技士。1995年近畿大学理工学部建築学科卒業。ゼネコンにて積算および施工管理業務に従事し、小規模から大規模まで幅広くプロジェクトを担当。現場代理人として3つのプロジェクトを担当後、2008年より堀部直子と株式会社堀部建築事務所を共同主宰。2012年株式会社 Horibe Associatesに改組。ゼネコン時代に学んだ経験を活かし、設計と施工の両側から見た独自の視点で建築設計監理を行う。

堀部直子（ほりべ・なおこ）

1972年大阪府生まれ。一級建築士。近畿大学建築学部建築学科非常勤講師。1995年近畿大学理工学部建築学科卒業。建築設計事務所勤務を経て2003年堀部直子建築設計事務所設立（のちに株式会社堀部建築事務所に改組）。2008年より堀部圭一と株式会社 堀部建築事務所を共同主宰。2012年株式会社 Horibe Associatesに改組。第7回「関西建築家新人賞」他多数受賞。機能性と意匠性を両立させたミニマルなデザインの建築設計を得意とする。『建築家のためのウェブ発信講義』（学芸出版社）に寄稿。

建築設計のデジタル道具箱

ドローンからBIMまで、小規模事務所の生産性を1.5倍に高める39のヒント

2023年8月15日　第1版第1刷発行

著　者	堀部圭一・堀部直子・Horibe Associates
発行者	井口夏実
発行所	株式会社学芸出版社
	〒600-8216
	京都市下京区木津屋橋通西洞院東入
	tel 075-343-0811
	http://www.gakugei-pub.jp/
	E-mail:info@gakugei-pub.jp
編　集	知念靖廣

デザイン・装丁　金子英夫（テンテツキ）
印刷・製本　モリモト印刷